市民政調20年の軌跡

市民活動と政治をつなぐ政策形成活動の試み　1997—2016

市民がつくる政策調査会 編

はじめに

市民がつくる政策調査会（市民政調）が誕生した一九九七年頃は、市民活動促進法案をめぐってさまざまな議論が行われていた時である。この法案は一九九八年三月に名称を変えて「特定非営利活動促進法（ＮＰＯ法）」として成立した。また二〇〇〇年の分権改革に向けて大きく動き出した時期である。市民政調の始まりには、本書で述べられているように、一九九六年に結党した民主党が大きくかかわっている。

市民政調は、分権と市民社会の活発化の時代に生まれ、二〇〇九年の民主党主導政権の成立という政権交代のあるデモクラシーを経験した。さらに、二〇一一年三月一一日の東京電力福島第一原発事故は、全国の地域で脱原発の社会運動を生み、安保法制をめぐる社会運動につながっている。また、日本の内外で、新自由主義の政治、ポピュリズムの政治が影響力を増し、政党政治と市民政治の力が試されている。

この間、市民政調は「多様で重層的な市民活動と政治」とをつなぐ歩みを進めてきた（本書七頁参照）。つまり、市民政調は、市民活動の中で浮かび上がってきた政策課題を市民自身が政策化し、提案し実現する活動を支援するために活動を行ってきた。当初より、市民政策円卓会議、市民政策プロジェクト、市民政策提案フォーラムを三本柱にしている。こうした活動は、政策提案型ＮＰＯのネットワークや、国会議員・自治体議員のネットワークを基盤にして実施されている。

さて、二〇一七年二月二六日に、市民政調は設立二〇周年を迎えた。本書で、これを機会にして、市民政調のこれまでの軌跡を振り返り、主な活動を紹介するとともに、活動の中間評価を行いたい。第一部では、「市民政調の活動記録」として、市民政調の設立と取組みの概要、交通バリアーフリー法、シックハウス対策法、難民保護法、公文書管理法、公職選挙法の廃止提案、請願制度改革、市民政策円卓会議を取り上げ、それぞれの活動の特徴を述べている（担当：小林幸治）。第二部では、「市民政調の活動を振り返って」として、二〇年間の活動を振り返って、それぞれに市民政調にかかわられた方々へのインタビューや寄稿を掲載している。第三部では、市民政調が取り上げたテーマの一覧、機関誌『市民政策』の特集テーマ、歴代役員一覧を掲載している。

市民政調の活動には、石毛鍈子さん、須田春海さん、横田克巳さんの三名が、代表理事や理事会幹事として、大きな役割を果たされた。また多面的な活動を行うことがある程度できたのは、ＮＰＯ・市民活動団体のネットワーク、東京と神奈川の生活クラブなど生活協同組合のネットワーク、神奈川ネットワーク運動や東京・生活者ネットワークなどの地域政党・自治体議員のネットワーク、民主党市民政策議員懇談会をはじめとする国会議員のネットワーク、研究機関・研究者のネットワークによる協力支援のおかげである。事務局長の小林幸治さん、『市民政策』の編集担当をはじめとして情報発信を担った橋本治樹さんらの事務局の尽力は大きな力となっている。記して、市民政調にかかわられた皆様に感謝を申し上げたい。

市民政調は、二〇周年を機にＮＰＯ法人としては解散、一区切りとなる。市民政調が目指したものは、市民政調にかかわられた皆様のこれからの活動に引き継がれていくものと思う。

二〇一七年二月二六日

坪郷　實

目次

第1部　市民がつくる政策調査会の活動記録

第2部　市民がつくる政策調査会の活動を振り返って

市民政調二〇年おつかれさま　市民運動全国センター世話人　須田春海　66
市民社会と政治社会をつなぐ　生活クラブ生協・神奈川名誉顧問　横田克巳　68
民主党「市民政策議員懇談会」の活動　第七三代衆議院議長・衆議院議員　横路孝弘　72
政策・制度づくりへの市民団体の参加　衆議院議員　西村智奈美　76
「土曜協議会」から円卓会議へ　元村山富市首相秘書官　河野道夫　80
市民がつくる政策調査会の歩み　早稲田大学社会科学総合学術院教授　坪郷實　84
市民政調の二〇年と日本政治　一橋大学社会学研究科教授　中北浩爾　92
市民政調二〇年の意義と残された課題　神奈川大学法学部准教授　金子匡良　97
絶えざる市民参加を社会化する政治へ　市民がつくる政策調査会理事会幹事　石毛鍈子　104

第3部　資料編

第1部　市民がつくる政策調査会の活動記録

「市民がつくる政策調査会」の設立と取組みの概要

多様で重層的な市民活動と政治とをつなぐ市民政策形成活動の試み

設立と活動の三つの柱

市民がつくる政策調査会は、一九九七年二月二六日に弘済会館（東京都千代田区麹町）で開催した設立総会で正式に発足した。その準備のため一九九六年一〇月から東京都千代田区麹町に事務所を置き、「市民政策調査会設立準備会」により設立に向けた準備を進めた。その準備会は、石毛鍈子、須田春海、横田克巳の三名を世話人として、その他一六名が準備会のメンバーとして名を連ね、設立当初は準備会のメンバーなども含めて二四名が運営委員として参画していた（一〇八頁参照）。

その活動は「市民政策提案プロジェクト」、「市民政策提案フォーラム」、「市民政策円卓会議」の三つを柱として出発し、この活動の柱は二〇年間変わることなくその取組みを進めてきた。なお、二〇〇一年には特定非営利活動法人（ＮＰＯ法人）を取得している。

その具体な活動内容は、市民生活や市民活動の主要な課題について市民・各種団体関係者・専門家・国会議員・自治体議員などの参画のもとにプロジェクトチームを設置し、一定の期間をもって政策・制度の調査研究、提案を行う「市民政策提案プロジェクト」。市民や市民団体関係者、国会議員、自治体議員、専門家・研究者などの参画によりテーマごとに意見交換を行い、市民生活や市民活動の主要な課題の解決に向けて提案を行う「市民政策提案フォーラム」の開催。市民や市民団体等からの問題提起により国会議員をコーディネーターとして関係行政機関（主に関係府省）担当者との意見交換を行う「市民政策円卓会議」の開催、といったものである。「市民政策提案プロジェクト」は三七のテーマで、「市民政策提案フォーラム」は二一回、「市民政策円卓会議」は五〇回開催してきている（詳細は一〇八頁からの資料編を参照）。

なお、「市民政策円卓会議」については、社会党が取組んだ「市民と議員の土曜協議会」の活動の継承をと須田春海氏からの提起もふまえて、その活動を学び実施してきたことも記しておく（詳細は八〇頁参照）。

それぞれ基本的なかたちは設立当初から変わらないが、二〇〇九年の民主党を中心とした政権交代後は「市民政策提案フォーラム」を「トークセッション」としてより広範はテーマや登壇者のもとに開催したり、「市民政策円卓会議」はそれぞれの市民団体自らが同様の会議等を開催してきていることから「政策懇談会」などとして、特に国会議員によるコーディネーターを置かずに開催するなど変化した。

その他、機関紙『市民政策』の発行も設立後まもなく開始しており、その基本的な発行方針は近年「認定NPOまちぽっと」と共同発行している『季刊アドボカシー』に引き継いできた。『市民政策』は一〇号、リニューアル版『市民政策』（二〇〇〇年六月から二〇一一年一二月）は一一号から六九号（詳細は一一七頁の一覧を参照）、『季刊アドボカシー』（二〇一五年七月から）は第七号までを発行している。

民主党との関わり

市民政調の設立には、一九九六年に結党した民主党が大きくかかわっている。菅直人衆議院議員（一二期、内閣総理大臣、財務大臣などを歴任）と鳩山由紀夫衆議院議員（元職、八期、内閣総理大臣などを歴任）との二人代表であった当時の民主党には、ジャーナリストの高野孟氏や横田克巳氏が党の全国幹事として参加しており、その理念[※1]には「市民中心型社会への転換」として「官僚主導から市民主体へ」、「中央集権・垂直統合型から多極分散・水平協働型へ」、「国家中心社会のシステムから市民中心社会のシステムへ」などが示され、「市民が主役の民主党」が当時の党のキャッチフレーズとされていた。そしてその理念のもとに「市民政策調査会」構想が打出され「その活動を当面一〇年間支援する」ことが確認された。

そのような経過から、市民政調の設立当時の運営委員には石毛鍈子衆議院議員のほか、金田誠一衆議院議員（元職、五期）や山井和則衆議院議員（六期、厚生労働大臣政務官などを歴任）が参画し、一九九九年からはさらに竹村泰子参議院議員（元職、衆院一期、参院二期）、福山哲郎参議院議員（四期、内閣官房副長官、外務副大臣などを歴任）が参画している。

また、一九九七年の市民政調の設立と同時期に民主党内に「市民政調推進議員懇談会」が設置され、民政党、新党友愛、民主改革連合と合流し新たな民主党スタート後の一九九九年からは「市民政策議員懇談会」と名称を変更し、市民政調をはじめ市民団体のカウンターパートとしての役割を担ってきた（詳細は七二頁参照）。

それぞれの市民活動団体が抱える生活課題や社会問題について、市民政調の事務局を一定の触媒としてそれぞれの団体と協力し、政策・制度の課題を整理し、提案を行い、国政、特に民主党に投げかけるため、運営委員（二〇〇〇年以降は理事として）である国会議員や市民政策議員懇談会の関係議員などと協力し、その課題解決に向けた取組みを進めてきた。

活動内容の変遷とその課題

「市民政策提案プロジェクト」、「市民政策提案フォーラム」、「市民政策円卓会議」と「市民政策の発行」のほか、「その他の事業」としてさまざまな取組みも進めてきた。その活動の多くは、「市民のための公文書管理法の制定を求めるネットワーク」などのように他団体と協力のもとに進めたものや、「化学物質過敏症支援センター」など他団体を設立また取組みを支援する活動、また調査研究受託事業などであった。その活動は、各種の政策・制度提案や会議の開催にとどまらずその後のフォローアップや活動現場を担う組織の必要性などがその展開の理由であり、制度の改善だけではなく生活・活動の現場が改善されること、市民社会を強くすることが目的であることから、その取組みが進められたものである。

また、先述したように活動の三つの柱も状況に応じて変化してきた。特に二〇〇九年の政権交代と二〇一二年の再度の政権交代以降は活動・運営の方針も変化した。その理由の一つとして二〇〇九年の政権交代で民主党との関係が大きく変化したことによるものである。民主党の二〇〇九年度活動方針では[※2]「マニフェストをつくり、実行する」として「…民主党のシンクタンクである『公共政策プラットフォーム（プラトン）』、また『市民がつくる政策調査会』と引き続き連携を強化し、有識者、大学、研究機関、ＮＰＯ、市民団体との政策ネットワークをさらに強固なものとしていきます」とされていたが、二〇一〇年度活動方針では[※3]その記述がすべてなくなっている。その結果として民主党からの委託研究調査事業等の委託がほぼ皆無となり、活動資金の確保が大変困難な状況になった。また二〇一一年三月に発生した東日本大震災及び東京電力福島第一原発事故の影響により、活動内容も変化したのである。

なお、民主党政権では「新しい公共」としてNPOをはじめとする非営利活動団体の取組みなどを重視し、その具体的な政策化が進められたが、当初市民政調には声もかからず、積極的に関与することはなかった。（二〇一〇年に設置された「新しい公共推進会議」には坪郷代表理事が委員として参加した）。同様にプラトンも二〇〇九年を境に活動を休止している。

民主党を中心とする政権に交代する直前の二〇〇九年一月には『市民が描く社会像―政策リスト37』を発行し、二〇〇九年八月には、「政策形成へのNPO・NGO等の参加・関与について―市民・生活者を主体とした〝現場主義〟による政権運営に向けて―」[※4]を提示し、東日本大震災及び東電福島第一原発事故後の二〇一二年一月と四月には「『新しい社会づくり』[※5]を提案する市民フォーラム」の開催、自民党を中心とする再度の政権交代後の二〇一三年三月から「社会保障制度改革情報」[※6]の配信、二〇一四年二月から「市民自治講座」の開講、二〇一五年六月から『季刊アドボカシー』の発行など、情報発信や政策交流の場づくりなどの活動を他団体との共同事業としての取組みに移行してきた。その根底には、二〇一二年九月に市民政調代表理事の坪郷實氏を中心にまとめた『市民政策シンクタンク』の構想―市民政策の政策提言・実現のために』（二〇一三年三月改訂）で「中核になる政策提言型NPOを起点にした『複数の政策提言型NPOの連合体（コンソーシアム）』の結成」を提案し、「このコンソーシアムを組むことによって、政策アイデア、人、資金の集積を行うことが可能になり、活動が継続できる」とし、市民政調のその後の活動方針の一つの柱としたことである。

当然ではあるが、市民政調の活動が接することができた市民生活や市民活動の課題はほんのひと握りに過ぎない。しかし、同時期に設立された「市民立法機構」（須田春海、並河志乃共同事務局長）などの活動や、一九九〇年代後半に行政情報公開法や特定非営利活動促進法などの制定に関わった関係団体や関係者の方々との交流、さまざまな地域で活動されている市民政調の役員などにより、活動の視野が広がり、さまざまな出会いや経験が二〇年の継続につながっている。そのつながりは財産であり、何よりも代えがたいものでもある。

また、設立総会で配布された文書「市民政策調査会の意義」は、設立準備に深く係わった宮城健一氏が起草した。そこには「歴史的試み、『市民政策調査会』構想」には「市民政策調査会（私のいうアカデミー・オブ・デモクラッツ）が、…機能するようになれば、民主党がそれこそ戦後の新党づくりの中でも、初めての組織的チャレンジとなるだろう」と示され、大な絵が描かれていた。それに比較すると、この二〇年の活動は地味であり、裏方役的な活動が主であったように思われるが、それも一つの試みの結果であり、現実である。その具体な活動は、本書ではじめて明らかにする事象も多く、それぞれのテーマを具体に示した以下の記録をご覧いただきたい。

【注】
※1　高野孟、『民主党の原点─何のための政権交代だったのか』、二〇一二年、花伝社
※2　http://www1.dpj.or.jp/news/files/katudohoshin.pdf
※3　http://www1.dpj.or.jp/governance/taikai/data/katudohoshin_2010.pdf
※4　「市民がつくる政策調査会ウェブサイト」http://www.c-poli.org/action/9
※5　http://www.c-poli.org/action/13　http://www.c-poli.org/action/14
※6　http://www.c-poli.org/action/15

交通バリアフリー法　一九九九年―二〇〇〇年

「すべての人々のための交通環境整備」検討PTの取組みから

DPI日本会議・当事者との出会い

市民政調の発足後の一九九七年、九八年当時に、DPI（Disabled Peoples' International）日本会議の関係者をはじめさまざまな障害をもつ当事の者の方々との関わりは、その多くは一九九六年に衆議院に初当選した石毛鍈子議員（民主党元職、四期／本会では共同代表、代表理事、理事会幹事を歴任）を通じてであった。

DPI日本会議[※1]は、一九八一年国際障害者年を契機に設立したDPIの活動に賛同し、日本国内においても障害の種別を超えた草の根組織の力を結集させようと、国内の障害当事者の全国・地域組織が集まり一九八六年三月結成された団体である。DPI日本会議では、一九八〇年代後半から全国的に交通アクセスの改善を求める運動「だれもが使える交通機関を求める全国行動」を呼びかけ、一九九五年から毎年開催している「障害者政策研究集会」（現在でも継続して開催）では、毎回分科会のひとつとして「交通・まちづくり」をテーマに当事者を中心に議論が重ねられてきていた。

また、一九八〇年代から高齢者や障害者を対象にした移動・移送サービス団体、特に東京[※2]ハンディキャブ連

表1　関連する「市民政策円卓会議」開催状況

回	開催日	テーマ	問題提起者（団体）	コーディネーター	対象省庁
第3回	1997年8月27日	障害者・高齢者の移送サービスについて	東京ハンディキャブ連絡会、他	石毛えい子衆院議員	厚生省、運輸省
第9回	1998年8月26日	障害者・高齢者を対象とした移送サービスについて②	東京ハンディキャブ連絡会、他	石毛えい子衆院議員	厚生省、運輸省
第13回	1999年10月1日	交通接続円滑化に向けた鉄道駅総点検について	すべての人々のための交通環境整備検討プロジェクト、他	堀 利和参院議員、石毛えい子衆院議員	建設省、運輸省
第20回	2000年7月14日	交通バリアフリー法制定に伴う移動円滑化基準及び基本方針の策定について	すべての人々のための交通環境整備検討プロジェクト、他	細川律夫衆院議員	建設省、運輸省
第26回	2001年5月28日	「高齢者・障害者を対象とした移動サービス」について	東京ハンディキャブ連絡会、他	石毛えい子衆院議員	国土交通省、厚生労働省
第34回	2002年7月22日	「移動困難者を対象にした移送サービス」について	東京ハンディキャブ、他	石毛えい子衆院議員	国土交通省、厚生労働省

絡会の関係者の方々と出会い、移動制約者への移動支援を進めるための制度的な位置づけをとの指摘や、道路運送法に抵触しいわゆる「白タク」として指摘されていることなどへの問題提起があり、『市民政策円卓会議』を数回にわたり開催している（表1）。

ＰＴの設置とその取組み

以上のような経過のもと、一九九九年四月に、障害者や高齢者をはじめ、妊産婦やけが、病気などによる一時的なものも含めた、移動に制約のある人々を主な対象とした公共的な施設などのバリアフリー化を進める必要があり、そのための法制度を検討しようとのことから、「福祉のまちづくり整備を目指した『すべての人々のための交通環境整備』検討プロジェクト」（以下、市民政調ＰＴ）を設置しその取組みがはじまった。市民政調ＰＴの名称が「障害者・高齢者等」などではなく「すべての人々のための」としたのは市民政調の共同代表者会議において「対象を限定するのではなく普遍的な制度づくりをめざすこと」といった指摘を受けたものであるが、市民政調PTのメンバーは実際に移動に制約を受けている障害当事者が中心であった（資料1）。

市民政調PTでは、交通関連の研究者へのヒアリングや、現地の視察・検証、法律や政省令、基準等の整理（解析）などのほか、同年一〇月には「交通接続円滑化に向けた鉄道駅総点検について」をテーマに『市民政策円卓会議』を開催し、運輸省、建設省の担当者との意見交換を行った。その円卓会議の際には、特に運輸省に対して「すべての人々のための交通環境整備に関する今後の取組みについて」と題した意見を示した。

すべての人々のための交通環境整備に関する今後の取組みについて

一　運輸省の「駅整備評価事業」や建設省「駅についての乗り継ぎの改善・歩行空間のバリアフリー化等の点検・整備」については、利用者の視点に基づいた点検活動実行委員会、専門委員会等を設けて行うこと。建設省と運輸省とで情報交換及び協力すること。

二　駅周辺のアクセスマップをインターネット等で多くの人が情報を容易に入手できるようにすること。

三　高齢者や障害者が利用しやすい交通環境整備のために障害を持つ人の意見、検討結果を反映する仕組みを設けること。

四　公共交通機関においてはすべての人々が自由に使用できる施設や円滑な交通環境整備が必要であり、視覚障害をもつ人の転落防止措置など人命に関わる重要なものもある。交通環境の整備を進める中で、安全性という視点が抜け落ちることのないよう配慮すること。

その後も市民政調ＰＴとしての活動を進め、同時期に「すべての人々のための交通環境を確保するための法律（仮称）」の制定を求め、そのポイントを記した提言のメモを作成した。しかし、このメモは広く公表することなく、関係者間での共有化に留まったものであった。

政府・民主党の動き

一九九九年七月に、当時の川崎二郎運輸大臣（自民党現職、一一期）が「交通機関のバリアフリー化に向けた法律をつくる。現在政府案を作成中である」との発言が報道され、運輸省内部で検討が進められた。運輸省では、一九八三（昭和五八）年に「公共交通ターミナルにおける高齢者・障害者のための施設整備ガイドライン」（一九九四（平成六）年改定）が、一九九〇（平成二）年に「心身障害者・高齢者のための公共交通機関の車両構造に関するモデルデザイン」が、一九九一（平成三）年には「鉄道駅におけるエレベーター及びエスカレーターの整備指針」（一九九三（平成五）年、一九九九（平成一一）年改定）などが策定されてきていた。同年八月に出された「二〇〇〇（平成一二）年度運輸省予算要求」資料では「鉄道駅における障害者対応型エレベーター・エスカレーター整備等の推進（鉄道局）」として前年度予算四・六五億円から八四・一九億円と二〇倍以上の予算要求がされ、政府として公共交通機関のバリアフリー化に向けて大きく舵を切った年でもある。

なお、建築物のバリアフリー化については、建設省所管の「高齢者、身体障害者等が円滑に利用できる特定建築物の促進に関する法律」（略称、ハートビル法）が一九九四（平成六）年に制定されている（二〇〇六（平成一八）年「高齢者、障害者等の移動等の円滑化の促進に関する法律」（バリアフリー新法）の施行に伴い廃止）。

一方民主党では、一九九九年三月に「民主党 高齢者・障害者の交通アクセスに関するプロジェクトチーム（民主党交通アクセスＰＴ）」が設置された。民主党交通アクセスＰＴの設置は、一九九九年二月二日に開催した第二回「市民政策議員懇談会」（詳細は七二頁参照）がきっかけのひとつであった。

一九九七、九八年と開催した「移動・移送サービス」をテーマにした市民政策円卓会議を経て、東京ハンディキャブ連絡会の阿部司代表、鬼塚正徳事務局長、伊藤正章前事務局長などの参加のもとに市民政策議員懇談会を開催した。その会に玉置一弥衆議院議員（元職、衆議院八期、参議院一期、日産自動車出身）、細川律夫衆議院議員（元職、七期、厚生労働大臣等を歴任）が参加され、その後の民主党交通アクセスＰＴの設置へとつながっている。

また、市民政調ＰＴには民主党政策調査会の栂坂英樹氏がメンバーとして参加し議論を重ねていたことも、民主党交通アクセスＰＴの設置やその後の動きに大きく影響している。

「交通バリアフリー法」の制定へ

その後、民主党では法案の作成作業が進められた。一九九九年一一月には「高齢者・障害者等の移動の自由を確保するための法律案（交通バリアフリー法案）（仮称）」の骨子案及び概要が公表されると同時にそれまで野党としてはあまり例のないパブリックコメント（意見募集）を行い、一〇〇件を超える意見が寄せられた。

一方、政府・運輸省でも「交通バリアフリー法案（仮称）」の作成作業が進められ、同年一一月末には「バリアフリー──交通機関に義務化　運輸省が検討していた公共交通機関の『交通バリアフリー法案』（仮称）の内容が二九日明らかになった」（一九九九年一一月三〇日／読売新聞朝刊（二面））といった記事を新聞各社が報道している。

市民政調PTでは、民主党案と政府・運輸省案をもとにその内容を整理し、「『交通バリアフリー法』民主党案と政府案の比較」（資料2）を作成、公表し、よりよい法案となるよう各方面に投げかけるなどの取組みを進めた。

そして、翌年の二〇〇〇（平成一二）年の第一四七回国会（常会）に、「高齢者、身体障害者等の公共交通機関を利用した移動の円滑化の促進に関する法律案」※3が政府案（閣法）として、「高齢者、障害者等の移動の自由を確保するための法律案」※4が民主党案（議員立法）として二つの「交通バリアフリー法案」が衆議院に提出された。※5同年三月一〇日の本会議で、二階俊博運輸大臣（自民党現職、衆議院一一期）より政府案の趣旨説明が、前原誠二衆議院議員（民進党現職、八期、国土交通大臣、外務大臣等を歴任）により民主党案の趣旨説明が行われた。

一九九九年秋より、民主党では各地でのフォーラムの開催などにより多くの市民から意見を聞くなどの機会を設けており、また衆議本会議での両案の趣旨説明直前の三月七日には、DPI日本会議と市民政調を連絡事務局とした実行委員会主催による「交通バリアフリー法の制定に向けて」をテーマに、自民党、民主党、自由党、社民党、公明党、共産党の各党国会議員の参加のもとにシンポジウムを開催している。そのシンポジウムの開催にあたっては、事前に各党に質問事項を送付し、その解答を文書で提示していただき、当日に意見交換を行ったことも特徴のひとつであろう。

そして、四月一八日の衆議院運輸委員会[※6]で「附則第三条中「一〇年」を「五年」に、「第二一条第一項の規定」を「この法律」に改める。」との修正が加えられ政府案が起立総員（全会一致）によりに可決され、同日の衆議院本会議でも全会一致で可決された。同様に五月九日の参議院交通・情報通信委員会[※7]で全会一致で可決され、五月一〇日の参議院本会議で全会一致により可決成立した。なお、「基本構想や各種計画の策定にあたっては当事者等の意見を聞き反映されること」、「STS（スペシャル・トランポート・サービス）の導入、活用に努めること」など、衆議院では5項目、参議院では7項目の付帯決議が付された。

国会審議においては四月四日の衆議院運輸委員会での参考人として、市民政調PTメンバーである尾上浩二氏と川内美彦氏が意見陳述[＊8]を行っている。

以上が、市民政調PTの取組みから「交通バリアフリー法」制定までの経過の概要である。その間、市民政調PTではJRや私鉄駅への現地視察や交通関係の労働組合関係者との意見交換などを逐次実施してきた。民主党では、玉置一弥議員が党国民運動本部長だったこともあり、「交通バリアフリー法案」に関する各種パンフレットの作成や各地でのフォーラムの開催、バリアフリーチェックの実施など、鳩山由紀夫代表（衆議院八期、元職、元総理大臣）を先頭にして党をあげて取組みが進められた。民主党案の作成過程においては、市民政調PTメンバーとの意見交換などを幾度となく行い「交通バリアフリー法」民主党案として国会に上程された。

市民政調PTでは、「移動権の保障」と「当事者・市民の参画」を重視し、提案の重要なポイントであった。その考え方は、法案の目的に「移動の自由を確保」の記載や、各種行政計画や施設管理者の計画などへの当事者・市民参加の記載など、民主党案に一定程度反映されたことも重要な点である。
この動きは、市民政調の取組みとしても法案として国会提出が実現した、はじめての取組みでもあった。

【注】
※１　「DPI日本会議ウエブサイト」http://www.dpi-japan.org/
※２　「東京ハンディキャブ連絡会」http://www.tokyo-handicab.net/
※３　http://www.shugiin.go.jp/internet/itdb_gian.nsf/html/gian/honbun/g14705034.htm
※４　http://www.shugiin.go.jp/internet/itdb_gian.nsf/html/gian/honbun/g14701003.htm
※５　http://kokkai.ndl.go.jp/SENTAKU/syugiin/147/0001/14703100001010a.html
※６　http://kokkai.ndl.go.jp/SENTAKU/syugiin/147/0011/14704180011010a.html
※７　http://kokkai.ndl.go.jp/SENTAKU/sangiin/147/0012/14705090012015a.html
※８　http://kokkai.ndl.go.jp/SENTAKU/syugiin/147/0011/14704040011007a.html

資料１

福祉のまちづくり整備を目指した「すべての人々のための交通環境整備」検討プロジェクト

１〜３（略）

４．プロジェクトメンバー

三澤　了（ＤＰＩ日本会議）／川内義彦（アクセス プロジェクト）／今福義明（アクセス東京）／上園和隆（障害者総合情報ネットワーク）／今西正義（全国頸髄損傷者連絡会）／大須賀郁夫（わかこま自立生活情報室）／尾上浩二（ＤＰＩ日本会議）／栂坂英樹（民主党政調）／事務局：小林幸治（市民政調）

資料2

「交通バリアフリー法」民主党案と政府案の比較

市民がつくる政策調査会

		民主党案	政府案	市民政調意見
対象者		移動制約者（主として身体的理由により移動の制約を受ける高齢者・障害者等）	高齢者・身体障害者等	主に高齢者・障害者で、移動に制約または不自由を感じるすべての人
「移動の円滑化」とは		特に定義していないが、基本理念で移動制約者の移動の自由の確保を目的として、他の者と同等に公共交通機関を利用することができるとしている	移動に係る身体の負担の軽減により、移動の利便性・安全性を向上すること	移動に制約または不自由を感じる人が、自立して安全にかつ自由に区別することなく移動する（できる）こと
対象	鉄道	○	○	○
	バス	○	○	○
	港湾・船舶	○	○	○
	空港・航空機	○	○	○
	タクシー	○	×	○
	ＳＴＳ（移送サービス）	△	×	○
	建築物（公共施設など）	×	×	○
	道路	○	重点整備地区（官公庁・福祉施設などが所在する地区）	○
	鉄道駅周辺（駅前広場）	○	重点整備地区（官公庁・福祉施設などが所在する地区）	○
義務	事業者	新設、既存すべての鉄道駅・車両、新設のバス・タクシー車両など、改善計画に沿ったすべての事業が義務	「新設または大改良の鉄道駅」エレベーター、エスカレーターの設置・誘導警告ブロックの敷設・身体障害者用トイレ・車両への車いすスペースの確保・視覚案内情報の設置・低床バスの導入、などが義務	新設、既存に関わらず、すべての公共交通機関と関連施設などすべて義務
	道路管理者	改善計画に沿ってすべての事業が義務	努力義務	義務
市民参加		公共交通機関整備基本指針・整備基準（国） 公共交通機関改善計画（事業者） 道路整備基本指針・整備基準（国） 道路改善計画（管理者）	×	すべての計画立案段階および事後調査

シックハウス対策法　二〇〇〇―二〇〇二年

「有害化学物質から安全なくらしを守るための制度」検討PTの取組みから

「杉並不燃ごみ中継所問題」が契機に

化学物質過敏症（CS）、シックハウスの問題への取組みは、杉並不燃ごみ中継所による周辺住民への体調影響の問題、いわゆる『杉並病』[※1]問題がきっかけであった。一九九八年一月、六月、一九九九年一〇月と三回にわたり、杉並不燃ごみ中継所と化学物質過敏症問題についての市民政策円卓会議を開催し、当事者の団体や支援団体の関係者と関係府省担当者との意見交換を行った（詳細は六一頁参照）。

その取組みの過程で、化学物質過敏症の発症者やその家族による当事者支援の団体である、「化学物質過敏症ネットワーク（CSネットワーク）」の関係者との出会いが出発点であった。CSネットワークが支援する当事者は、その多くが新築住宅を原因とするシックハウス症候群の発症者で、全国に存在していた。当初は、その発症者が安心して暮らすことのできる住居や保養施設等の整備、確保などが相談の内容であった。その取組みは、市民政調の関係者の多くも関与して設立した「NPO法人化学物質過敏症支援センター[※2]（CS支援センター）」に引き継がれていった。

円卓会議とＰＴの設置

二〇〇〇年八月に、「シックハウス等による健康被害対策について」をテーマにした円卓会議を開催した。ＣＳ支援センターなどが問題提起者（団体）で、桜井充参議院議員（現職、四期、財務副大臣等を歴任）をコーディネーターとして厚生省、建設省（当時）担当者との意見交換を行った。円卓会議の準備と並行して市民政調内にプロジェクトチームの設置を検討し、円卓会議開催後の九月に「有害化学物質から安全なくらしを守るための制度を検討するプロジェクト（ＣＳ対策ＰＴ）」を設置し活動を開始した〔表１〕〔資料１〕。

その取組みとしては、ＣＳ発症当時者でＣＳネットワークの道本みどりさんや北里大学北里研究所病院臨床環境医学センターの宮田幹夫医師（当時）、テクノプラン建築事務所の佐藤清建築士などからＣＳ発症者の日常生活での課題やＣＳへの診療・治療の現状、建築物における化学物質使用の現状やシックハウス対策の取組みなどについてヒアリングを実施し、課題の整理を行った。また同時に、厚生省（当時）に設置された「シックハウス（室内空気汚染）問題に関する検討会」[※3]や建設省（当時）の「室内空気対策研究会」などの資料から、その検討状況や制度的な課題についての整理を進めた。

そして一〇か月程度の活動をふまえて、二〇〇一年五月末に「『化学物質による健康被害』現状の課題と提案―シックハウス・シックスクールの予防対策の法制化に向けて―」と題した報告書を作成し公表した。「建築基準法の改正」、「建築物における衛生的環境の確保に関する法律（ビル管理法）の改正」、「化学物質を主な原因とする健康被害者の対策に関する法律（仮称）」が主な法制度の提案であった。

表１　関連する円卓会議の開催経過

回	開催日	テーマ	問題提起者（団体）	コーディネート	対象府省
第４回	1998年１月27日	杉並区ごみ中継所問題と化学物質過敏症について	杉並病をなくす会	小林　守衆院議員	厚生省・環境庁
第８回	1998年６月15日	杉並不燃ごみ中継所と杉並病問題について②	杉並病をなくす会他	金田誠一衆院議員	厚生省・環境庁・東京都・杉並区
第14回	1999年10月５日	杉並中継所周辺の健康調査結果の報告と今後の取組み	杉並病をなくす会他	金田誠一衆院議員・田中　甲衆院議員	厚生省・環境庁　・杉並区
第21回	2000年８月８日	シックハウス等による健康被害対策について	化学物質過敏症支援センター　ほか	櫻井充参院議員	厚生省・建設省
第31回	2002年２月20日	「シックハウス対策」について	市民政調・シックハウス対策プロジェクト	前田雄吉衆院議員	国土交通省
第35回	2002年７月24日	「シックスクール対策に関する取組み」について	化学物質過敏症患者の会、化学物質過敏症支援センター、環境病患者会、子供の健康と環境を守る会、シグナル・キャッチ、ほか	岡崎トミ子参院議員	文部科学省
第38回	2003年６月27日	「シックハウス・シックスクール問題」について	シックハウス連絡会、ＣＳ支援センター、シグナルキャッチ、化学物質過敏症患者会、他	岡崎 トミ子参議院議員	環境省、国土交通省、厚生労働省、文部科学省

政府・自民党、民主党の動き

一九九〇年代中頃からシックハウスに関する報道がされるようになり、微量な化学物質による健康被害が社会問題化されてきた。一九九七年には厚生省（当時）がホルムアルデヒドの室内濃度指針値を定め、二〇〇〇年四月には専門家などによる「シックハウス（室内空気汚染）問題に関する検討会」を設置し検討を重ね、二〇〇二年までに一三種類の化学物質と総揮発性有機化合物（ＴＶＯＣ）[※4]の室内濃度指針値が定められた。

また、建設省（当時）では二〇〇〇年から[※5]「室内空気中の化が学物質濃度の実態調査」を実施し、その調査は省庁再編後国土交通省に引き継がれ二〇〇五年まで実施されてきた。二〇〇〇年の調査では、四種類の化学物質濃度を測定しており、その一つホルムアルデヒドについては測定した二八一五件のうち約二九％の八〇九件が厚生省（当時）が定める室内濃度指針値を超えている結果が出された。

このような経過の中、市民政調からの働きかけもあり、二〇〇〇年一一月に民主党内に「シックハウス症候群対策ワーキングチーム」（座長：桜井充参議院議員、事務局長：前田雄吉衆議院議員（元職、三期）、大谷信盛衆議院議員（元職、三期、環境大臣政務官などを歴任））が設置された。その第一回ヒアリングにはCS支援センターの広田しのぶさんとCS対策PTのメンバーで建築家の尾竹一男さんが呼ばれ、その後も建設省や厚生省、通産省、林野庁などからヒアリングを行い、ワーキングチーム設置から一年後の二〇〇一年一一月に「シックハウス対策法案（建築物の居室内における空気環境の保全に関する法律案）[※6]」と「ビル管法（建築物における衛生的環境の確保に関する法律）改正案」がまとめられた。

また、二〇〇二年四月には「自民党シックハウス対策推進議員連盟」（会長：伊吹文明衆議院議員（一一期、文部科学大臣、財務大臣などを歴任）、幹事長：浜田靖一衆議院議員（八期、防衛大臣などを歴任）、事務局長：吉田六左エ門衆議院議員（元職、三期））が設立されている。

「建築基準法」が改正に

二〇〇一年一〇月から一二月にかけて国土交通大臣の諮問機関である社会資本整備審議会の建築分科会「室内化学物質対策部会[※7]」が三回開催され、その答申をふまえて二〇〇二年三月に内閣提出による「建築基準法改正案[※8]」が提出された。一方四月には議員立法、議員提出による「建築物の居室内における空気環境の保全に関する法律案[※9]」と「建築物における衛生的環境の確保に関する法律（ビル管理法）改正案[※10]」が国会（第

表２　シックハウス対策に関する法律について

	政府案	民主党案
法律名	建築基準法の改正	①建築物の居室内における空気環境の保全に関する法律（新法） ②建築物における衛生的環境の確保に関する法律（ビル管法）の改正
目的	居室内において化学物質の発散による衛生上の支障がないよう、建築材料、換気設備についての規制を行う。	①建築物の建築又は建築物若しくはその居率の大規模な修繕・模様替に際して、有害物質が放散される建築物の居室について必要な規制を行い、居室内の空気環境を保全し健康の保護を図る。 ②建築物の維持管理に際し、居室内の空気環境を保全する。
規制物質	ホルムアルデヒド、クロルピリオス	ホルムアルデヒド、トルエン、キシレン、パラジクロロベンゼン等
規制基準	建築材料・換気設備等に関する構造基準を定める。化学物質の室内濃度基準はなし。（なお、厚生労働省の指針値を指標とする。）	厚生労働省の指針値を参考に政令で定める。
室内濃度検査等	なし	①新築・増改築終了後７日以内 ②定期的に検査
対象建築物	原則として（居住、執務、作業等を行う）全ての建築物	①全ての新築・増改築建築物 ②床面積３千㎡以上の建築物（百貨店、集会場、学校、図書館、店舗、事務所等）
罰則	是正措置、罰金	基準値を超えた建築物については、都道府県知事による勧告及び改善命令
発症者対策	なし	なし

作成：市民がつくる政策調査会

一五四回（常会）に提出され、国会での審議を経て四月には参議院で七月に衆議院で可決され、改正建築基準法が成立した。その審議の過程では、四月一八日に開催された参議院国土交通員会で尾竹一男さんが参考人の一人として[※11]意見陳述を行った。

その大きな争点としては「室内濃度測定の義務付け」があげられる。政府提出の建築基準法改正案では特定の化学物質を使用しない、使用を抑えた建築材料の使用によりシックハウス対策をとの内容であり、民主党や市民政調ＣＳ対策プロジェクトでは特定の化学物質を抑えても他の化学物質への代替が進められ、同様の問題が起きる可能性があるのではないかということで、建築確認の際の室内濃度の測定の義務付けにより対策をと主張していた〔表２〕。

また、市民政調ＣＳ対策プロジェクトの提案の一つであった「化学物質を主な原因とする健康被害者の対策に関する法律（仮称）」は法案として提出されることはなかったが、二〇〇一年一一月に出された「民主党のシックハウス・化学物質過敏症対策（概要）[※12]」では、「一　シックハウス症候群・化学物質過敏症の原因の究明・治療体制の確立」として、（一）実態調査、（二）メカニズムの徹底調査・有効な治療方法の確立、（三）診断基準づくり・医療保険の適用、（四）都道府県毎に長期滞在型の療養所の建築、（五）相談窓口の設置などが示されていた。

その後の取組み

二〇〇三年七月に改正建築基準法が施行され、居室を有する建築物には、クロルピリホスを添加した建材の使用を禁止し、居室の種類及び換気回数に応じて、内装仕上げに使用するホルムアルデヒドを発散する建材の面積制限を行い、原則として全ての建築物に機械換気設備の設置を義務付けることとされた。二〇〇五年に実施された室内空気中の化学物質濃度の実態調査結果[※13]では、ホルムアルデヒドの室内濃度指針値を超えた住宅は一・八％（一一八一件中一八件）と二〇〇〇年の約二九％から大きく減少している。

法改正後も多くの市民団体などが問題提起者（団体）となり、二〇〇二年七月には「シックスクール対策に関する取組み」をテーマに文部科学省担当者と、二〇〇三年六月には「シックハウス・シックスクール問題」をテーマに環境省、国土交通省、厚生労働省、文部科学省の担当者と、いずれも岡崎トミ子参議院議員（元職）をコーディネーターとした円卓会議を開催してきた。その後、学校での化学物質対策として学校環境衛生の基準[※14]などが改訂されてきている。

以上が、CS対策PTの取組みから「シックハウス対策」のための法案提出、法改正などの経過である。このPTの設置にあたっては、杉並不燃ごみ中継所問題での取組み、経験がなければ実現しなかったであろう。超微量の化学物質の中長期的な暴露により体調が悪化する。同じ家に住んでいても発症する人としない人とが存在するなど、当時は医学的にも現在以上に未解明な問題であった。しかし、実際に発症者は存在し個々の化学物質による身体影響も科学的にも実証されつつあり、そういったことから当時の厚生省や建設省も動き始めたのだろう。

この取組みも、杉並病をなくす会をはじめ杉並の住民の方々やCS支援センター関係者など、多くの市民、市民団体の方々により後押しされた取組みであった。

【注】

※1　宮島英紀、神谷一博『あなたの隣にある「杉並病」―化学物質過敏症があなたを襲う』、一九九八年六月、二期出版

※2　「化学物質過敏症支援センター」http://www.cssc.jp/

※3　「シックハウス（室内空気汚染）問題に関する検討会」http://www.nihs.go.jp/mhlw/chemical/situnai/kentoukai.html

※4　「室内濃度指針値一覧表」http://www.nihs.go.jp/mhlw/chemical/situnai/hyou.html

※5　「平成17年度室内空気中の化学物質濃度の実態調査の結果について」http://www.mlit.go.jp/kisha/kisha06/07/071130_.html

※6　「民主党のシックハウス対策関連2法案（概要）」http://www2.dpj.or.jp/news/?num=10961&mm=print

※7　「社会資本整備審議会の建築分科会室内化学物質対策部会」http://www.mlit.go.jp/singikai/infra/architecture/chemical/chemical_.html

※8　「建築基準法等の一部を改正する法律案」（第154回国会）http://www.shugiin.go.jp/internet/itdb_gian.nsf/html/gian/keika/1D6FBDA.htm

※9　「特定有害物質による建築物の居室内の空気汚染の防止等に関する法律案」（第一五四回国会）http://www.shugiin.go.jp/internet/itdb_gian.nsf/html/gian/keika/1D7F946.htm

※10　「建築物における衛生的環境の確保に関する法律の一部を改正する法律案」（第154回国会）http://www.shugiin.go.jp/internet/itdb_gian.nsf/html/gian/keika/1D7F94A.htm

※11　「参議院国土交通員会議事録」（二〇〇二年四月一八日）http://kokkai.ndl.go.jp/SENTAKU/sangiin/154/0064/15404180064011.pdf

※12　「民主党のシックハウス・化学物質過敏症対策（概要）」http://archive.dpj.or.jp/news/?num=10960

※13　「平成一七年度室内空気中の化学物質濃度の実態調査の結果について」http://www.mlit.go.jp/kisha/kisha06/07/071130_.html

※14　「学校環境衛生基準」http://www.mext.go.jp/component/a_menu/education/detail/__icsFiles/afieldfile/2010/04/08/1292465_02.pdf

資料1

有害化学物質から安全なくらしを守るための制度を検討するプロジェクト（略称：CS対策検討プロジェクト）

現在、厚生省では「シックハウス（室内空気汚染）問題に関する検討会」が設置され、本年6月には中間報告書が公表されています。また、建設省においても「室内空気対策研究会」を設置し、3ヶ年を目途に調査検討を行うとしています。しかし、健康被害者数は増加傾向にあると言われており、具体的な対策も取られていないのが現状です。その原因としては、化学物質過敏症の疾病の概念が定かでない、原因物質が特定できない、健康被害者によって症状に相違がある、などを根拠として対策が遅れているように思われます。

一方市民政調では、「杉並病問題」や化学物質過敏症患者を対象にした保養施設の建設等の支援を目的とした「化学物質過敏症支援センター」の設立支援など、関係諸団体との協力のもとに、化学物質による健康被害に関して取り組んできました。化学物質に関わる問題解決のためには、総合的な化学物質の管理および規制などの法整備や、調査方法や対策等の技術的な構築などが必要だと考えます。しかし、そのためには十分な知恵や時間や費用が必要であり、その間現存する健康被害者への対策は何ら取られない可能性があります。

このような状況のもと、化学物質過敏症の発症原因であるシックハウスを中心に、住宅や公共施設、学校等の建築物とその周辺の環境についての対策、また健康被害者の緊急対策に関する調査検討および、法制度を含めた政策提案を行いたいと思います。

□検討課題

（１）化学物質過敏症について
（２）住宅、公共施設、医療施設、学校等についての化学物質対策について
（３）健康被害者への緊急および中長期的対策について
（４）新たな法制度について
（５）その他

□活動内容

（１）ヒアリング
・道本みどりさん（化学物質過敏症ネットワーク）―９月29日開催
・宮田幹夫さん（北里研究所病院臨床環境医学センター）―10月12日開催
・佐藤清さん（テクノプラン建築事務所）―10月18日開催
（２）情報収集および整理
・住宅、公共施設、医療施設、学校等についての化学物質対策の現状
・諸外国での対策
・関係する現行法
（３）提言書等の作成

□メンバー

尾竹 一男（ＮＰＯ法人化学物質過敏症支援センター／尾竹建築研究所）
梅坂 英樹（循環型社会研究会／民主党政策調査会）
松浦 武志（衆議院議員鮫島宗明事務所）
森上 展安（杉並病をなくす会）
事務局　小林 幸治（市民がつくる政策調査会）

難民保護法　二〇〇一―二〇〇三年

「移民政策」検討PTの取組みから

「外国人・移民政策」を提示

難民保護法案への取組みは、「移民政策検討プロジェクト（移民政策PT）」の活動がその布石である。さらにそのきっかけは、一九九九年一二月に「来住外国人の在留問題」をテーマに開催準備を進めた市民政策円卓会議ある。日本に在住する外国人支援を行っているAPFS[※1]（Asian People's Friendship Society）が問題提起者（団体）となり、川橋幸子参議院議員（元職、二期）をコーディネーターにして法務省担当者と意見交換を予定していたが、「個別案件などに関係することから出席できない」との連絡があり、開催には至らなかった。

その約一年後にAPFSの吉成勝男代表（当時）からプロジェクト設置の相談、要請があり、移民・外国人労働者政策のあり方を検討し提案することを目的として、二〇〇一年五月に移民政策PTを設置し活動を開始した〔表1〕。

移民政策PTでは、研究者や関係行政機関などからのヒアリング、静岡県浜松市など外国人集住地域への視察などを行い、二〇〇二年七月に[＊2]『21世紀日本の外国人・移民政策―当面の緊急課題に関する提言と新たな社

表１　移民政策 PT・メンバー（所属等は当時）

座長	渡戸一郎（明星大学教授）
	山脇啓造（明治大学助教授）
	児玉晃一（弁護士）
	村田　敏（弁護士）
	吉成勝男（ＡＰＦＳ代表）
	渡辺あつこ（神奈川ネットワーク運動／川崎市議会議員）
	中谷百合子（大阪大学大学院）
	太田雅之（市民がつくる政策調査会）
	小林幸治（市民がつくる政策調査会事務局長）

会統合政策の必要性―』と題したブックレット（報告・提言書）を発行した。その報告・提言書は出入国管理の在り方から医療・社会保障、こどもの学習機会など多岐にわたる項目を記すため、移民政策ＰＴメンバー以外の研究者などにも協力していただきまとめたものである〔資料１〕。

民主党外国人ＰＴと在瀋陽総領事館事件

先に記した移民政策ＰＴの報告・提案の内容が固まりつつあった二〇〇二年初頭に、その提案の民主党側の受け皿としてプロジェクト設置の働きかけを行い、石毛鍈子衆議院議員（元職、四期／本会では共同代表、代表理事、理事会幹事を歴任）を通じて当時のネクストキャビネット法務大臣であった江田五月参議院議員（元職、参議院議員四期、衆議院議員四期、参議院議長、法務大臣、環境大臣などを歴任）に働きかけ、同年二月に民主党内に「在日外国人、特に非永住外国人にかかる社会保障・医療・教育・就労・人権・難民認定・出入国管理・犯罪などの問題を整理し、その解決のための総合的な、また課題別の政策を立案し法制化」を目的とした、「在日外国人に係る諸問題に関するプロジェクトチーム（在日外国人ＰＴ）」が設置された。在日外国人ＰＴの座長には千葉景子参議院議員（元職、四期、法務大臣などを歴任）、座長代理に原口一博衆議院議員（七期、総務大臣などを歴任）、事務局長にツルネンマルテイ参議院議員（元職、二期）、事務局次長に今野東衆議院議員（故人、衆議院議員二期、参議院議員一期）と小川敏夫参議院議員（四期、法務大臣などを歴任）といった役員体制のもとに、研究者やNGO関係者などからのヒアリングや外国人集住地域やブラジル人学校への視察などを行った。そのヒアリングには、移民政策PTから多数のメンバーが呼ばれている。

二〇〇二年五月八日、北朝鮮出身者五名が日本の在瀋陽総領事館への入館を試みたが、総領事館の正面入口付近において警備にあたっていた中国側武装警察との間でもみ合いとなり、男性二名が総領事館構内に駆け込みそれを追う形で中国側武装警察が領事館、日本政府の同意なくして総領事館構内に立ち入り、最終的に五名全員を中国側公安部門へ連行するという[※3]「在瀋陽総領事館事件」が発生した。その現場がビデオ映像と共にメディアを通じて広く世界に報道され、人道上の問題と同時に総領事館や外務省の不手際などが指摘され、さらに難民認定の問題なども言及された。

この事件をきっかけに、在日外国人PT内に「難民問題小委員会」（委員長：小川敏夫参議院議員、事務局長：今野東衆議院議員）が設置され、同年七月から活動が開始されている。

政策・法案の提示と議員立法案の提出

難民問題小委員会では週一回程度会議を開催し、七月二五日には中間まとめを示し、八月からは法案化作業のため衆議院法制局との協議を進めた。その過程には市民政調事務局も毎回同席・参加し、意見交換を行った。

その具体な内容については、移民政策PTから示された「難民認定の基準と手続きの改善―提言六　難民認定の基準と手続きの改善」の、（一）入国時点での難民認定に関する情報の提供、「六〇日ルール」の廃止、審査過程の透明化、政府から独立した異議申立機関の設置が必要、（二）長期にわたる認定審査を改善し、申請中にも一時的な労働許可を与え、さらに社会保障へのアクセス権を付与すべき、（三）申請中の難民に対して、必要に応じて生活支援を受けられるようにすべきであり、申請中の収容は原則として行うべきではない、他「難民認定後の生活支援」などをもとにして、移民政策ＰＴメンバーでもあり難民申請者等の支援を行っている児玉晃一[※4]弁護士や、ＮＰＯ法人難民支援協会[※5]の筒井志保事務局長（当時）などと数回にわたり意見交換を行い、論点の整理や法案内容の具体化を進めていった。

　その論点の整理、法案内容の要旨について八月九日に開催された難民問題小委員会で、市民政調事務局からの説明、提案として示した。その内容は「（仮称）難民の認定及び生活の支援に関する法律」の制定により「難民の認定は法務大臣から総理大臣に移管すること」、「難民認定基準を定め第三者機関である難民認定審査会（仮称）が難民認定にかかる審査を行うこと」、「難民申請は入国後六〇日以内に行うこととされているいわゆる六〇日ルールの廃止」、「難民認定は原則三か月以内に行うこと」、「難民の認定に係る審査に要する情報収集のため難民情報センター（仮称）を設置すること」、「難民生活支援センター（仮称）を設置し、支援プログラムにもとづき、医療、保険、就労、教育、自治体事務、住居等の支援をＮＧＯ等と協力のもとに行うこと」などであった。

　その後も衆議院法制局などとの協議を重ね、翌年の二〇〇三年二月の民主党「次の内閣（ネクストキャビネット（ＮＣ））」閣議において中間報告がされ、三月には「難民等の保護に関する法律案（難民保護法案）」がＮＣ閣議で承認され、在日外国人ＰＴ座長の江田五月参議院議員（千葉景子議員から交代）が会見を行っている。そして五月一八日に議員提案、議員立法として国会（第一五六回）に提出され、二二日[※6]の衆議院本会議で今野東議員により趣旨説明がされた。

その要旨は、(一) 難民認定業務を法務省の入国管理業務から分離し内閣府の下に新設する「難民認定委員会」に移管、(二) 入管施設に強制的に収容される難民認定申請者に対して特別の在留資格を与える、(三) 難民の多くを占める第三国経由の入国者についても難民認定申請を認める、(四) 弁護士の関与や不認定理由の本人への開示を認め認定プロセスを透明化する、(五) 不認定処分について行政不服審査法上の異議申立を認める、(六) 難民認定者に対する生活相談、日本語習得、保険・医療の確保、居住の安定、職業訓練・あっせん、就学などについての「生活支援計画」を策定しNGOなどの協力を得て支援を実施する、などであり、その内容の多くは市民政調側から提示した事項が反映された。

「入管難民法」の改正

法務省「第四次出入国管理政策懇談会」[※7]では、二〇〇二年六月に「難民問題に関する専門部会」を設置し、二〇〇三年一一月までに一八回の会合が開催され、二〇〇二年一一月には「難民認定制度に関する検討結果(中間報告)」[※8]が二〇〇三年一二月には「難民認定制度に関する検討結果(最終報告)」[※9]として出入国管理政策懇談会での修正、了承を経て法務大臣に提出されている。

この出入国管理政策懇談会(難民問題に関する専門部会)から示された中間報告にもとづき、難民のより適切かつ迅速な庇護を図るために(一) 仮滞在許可制度の創設、(二) 難民として認定された者等の法的地位の安定化、(三) 不服申立制度の見直し、などを盛り込んだ内閣提出による「出入国管理及び難民認定法(入管難民認定法)」改正案が二〇〇三年三月四日に国会(第一五六回)に上程された。民主党提出の難民保護法案の趣

表２　民主党案と政府案の比較

	民主党案	政府改正案
難民認定機関	内閣府の外局に難民認定委員会を設置（民間団体関係者を含む専門家によって構成される独立行政委員会）	現行どおり法務大臣（法務省難民認定室）
60日ルール	廃止	申請期限は廃止するが、仮滞在の許可及び定住者の在留資格を得るためには原則として６月以内の申請が必要
難民申請者の地位	難民申請者上陸特別許可及び難民申請者在留特別許可（退去強制事由に該当しない。）	６月以内に申請した者について、仮滞在の許可（退去強制手続の停止）
認定者の地位	難民在留特別許可を与えるとともに、就業を希望する者は定住者等の在留資格の申請・許可	６月以内に申請した者について、定住資格の付与
審査期間	難民認定は申請から原則として６月以内	規定なし
認定基準	難民認定に関する国際的動向を踏まえて難民認定委員会が策定・公表	規定なし
弁護士等の関与	事実の調査に際し、弁護士等が補佐人となることができる。	規定なし
異議申立て	行政不服審査法の適用あり（期間制限60日）	行政不服審査法の適用あり（期間制限７日）
在留難民等に対する生活支援	・生活支援推進計画を閣議決定（生活支援の基本方針、支援センターに関する事項等を規定） ・内閣府に在留難民等生活支援審議会を設置	規定なし

出典：「衆議院法制局」作成

表３　法案提出理由

民主党「難民保護法案」	内閣提出「入管難民認定法改正案」
難民等の権利利益の保護を図り、もって難民問題を解決するための国際社会の取組に寄与するため、難民認定委員会による適正かつ迅速な難民の認定の手続及び在留難民等に対する生活上の支援に関する措置等について定めるとともに、難民の認定に係る上陸及び在留の特別の許可制度を創設する必要がある。これが、この法律案を提出する理由である。	（略）近時における国際情勢の変化等に伴い、我が国の難民認定制度を取り巻く状況が大きく変化したことにかんがみ、難民のより適切な庇護を図る観点から、難民認定申請者に対する仮滞在の許可及び難民と認定された者に対する在留資格の取得の許可に関する制度の新設並びに難民不認定処分等に係る不服申立制度の見直し等を行うほか、（中略）これが、この法律案を提出する理由である。

旨説明と同日の五月二一日の衆議院本会議で、本法案の趣旨説明も行われている。[※10]しかし、両案ともに第一五六回国会では審議が尽くされず閉会中審査案件とされたが、同年第一五七回臨時国会中の一〇月に衆議院が解散となり両案ともに廃案となった。

翌年の二〇〇四年に開会された第一五九回国会（常会）にて、両案ともに再提出され、内閣提出による入管難民認定法改正案が四月に参議院で、五月に衆議院で可決され、成立した。この国会でも入管難民認定法案と民主党議員提出の難民保護法案の二つの案が同時に審議された〔表2〕〔表3〕。生活支援制度等は実現しなかったが、「六〇日ルールが一八〇日」に、「申請者への仮滞在許可の付与（退去強制手続の停止）」、「難民審査参与員制度の導入」など一定程度の成果もあった。

以上が、市民政調で取組んだ移民政策PTの経過から「難民保護法案」提出、「入管難民認定法」改正までの約三年間の概要である。

この取組みには、移民政策PTのメンバーや難民をはじめ外国人支援を行うNGO関係者や研究者の方々、また移民政策PTのカウンターパートとして民主党在日外国人PTの役員をはじめとする関係議員、とりわけその後「難民支援寄席」として落語をとおした難民の支援にも取組まれた今野東議員の行動が大きな原動力であったことを書き添えておく。

【注】

※1　「APFS（Asian People's Friendship Society）」http://apfs.jp/
※2　『21世紀日本の外国人・移民政策―当面の緊急課題に関する提言と新たな社会統合政策の必要性―』二〇〇二年七月、市民がつくる政策調査会
※3　「在瀋陽総領事館事件」、外務省 http://www.mofa.go.jp/mofaj/area/china/shinyo/020517.html
※4　「児玉晃一弁護士」（マイルストーン法律事務所）http://milestone-law.com/lawyers/
※5　「NPO法人難民支援協会」https://www.refugee.or.jp/
※6　「官報号外 第一五六回国会衆議院会議録第三三号（二〇〇三年五月二三日）」p.8.9 http://kokkai.nd.go.jp/SENTAKU/syugiin/156/0001/15605220001033.pdf

※７　「出入国管理政策懇談会」（法務省）http://www.moj.go.jp/nyuukokukanri/kouhou/nyukan_nyukan41.html

※８　「難民認定制度に関する検討結果（中間報告）」（法務省）http://www.moj.go.jp/content/000001932.pdf

※９　「難民認定制度に関する検討結果（最終報告）」（法務省）http://www.moj.go.jp/content/000001933.pdf

※10　「官報号外 第一五六回国会衆議院会議録第三三号（二〇〇三年五月二二日）」p.8 http://kokkai.ndl.go.jp/SENTAKU/syugiin/156/0001/15605220001033.pdf

資料１

21世紀日本の外国人・移民政策―当面の緊急課題に関する提言と新たな社会統合政策の必要性―（提言の項目）

［入管手続きの適正化］
◆提言１　行政手続法３条10号の削除
◆提言２　被収容者の処遇の改善

［現存する非正規滞在者の処遇の改善］
◆提言３　在留特別許可制度の改善と柔軟な運用による救済
◆提言４　アムネスティの実施に向けた検討
◆提言５　通報義務の免除と入管法第66条の報奨金制度の廃止

［難民認定の基準と手続きの改善］
◆提言６　難民認定の基準と手続きの改善

［医療と社会保障の改善］
◆提言７　医療
◆提言８　社会保障

［労災の防止対策の改善と研修制度の見直し］
◆提言９　外国人の労災事故に対する防止対策の改善
◆提言10　実務研修を伴う研修を就労資格への組み替え

［子どもの学習機会と法的地位］
◆提言11　子どもの学習機会
◆提言12　無国籍児等

［社会統合政策の提案］
◆提言13　社会統合基本法の制定
◆提言14　（仮称）多文化共生のまちづくり条例の提案

公文書管理法　二〇〇九年

「市民公文書ネット」への活動協力から

政府内での検討

政府内で公文書管理のための法制度の検討は、二〇〇三年に設置された「歴史資料として重要な公文書等の適切な保存・利用等のための研究会（内閣府大臣官房長決裁）」[※1]と歴史文書の問題としてはじまった。その後、同年に「公文書等の適切な管理、保存及び利用に関する懇談会（内閣官房長官決済）」[※2]が設置され、二〇〇五年には懇談会のもとに「公文書等の中間段階における集中管理の仕組みに関する研究会」と「電子媒体による公文書等の管理・移管・保存のあり方に関する研究会」が設置され、二〇〇六年に懇談会としての第二次報告がされている。

さらに、二〇〇七年には「行政文書・公文書等の管理・保存に関する関係省庁連絡会議（内閣官房）」[※3]が、二〇〇八年二月には「公文書管理の在り方等に関する有識者会議（内閣官房）」[※4]が設置され、同年一一月には有識者会議による最終報告が出され、二〇〇九年三月に「公文書等の管理に関する法律案」[※5]（公文書管理法案）が閣議決定され国会に提出された。

政府内での動きを先導したのは、第二次森喜朗内閣途中の二〇〇〇年一〇月から第二次小泉純一郎内閣の

表1　市民のための公文書管理法の制定を求めるネットワーク・呼びかけ人

川村 一之（戦争被害調査会法を実現する市民会議事務局長）
小林 幸治（市民がつくる政策調査会事務局長）
瀬畑 源（歴史研究者）
西村 啓聡（弁護士・日弁連情報問題対策委員会幹事）
伴 英幸（原子力資料情報室共同代表）
檜皮 瑞樹（早稲田大学大学史資料センター助手）
まさの あつこ（ジャーナリスト）
三木 由希子（情報公開クリアリングハウス理事）
吉田 裕（一橋大学教授／日本の戦争責任資料センター編集長）

＊所属等は当時のもの

二〇〇四年五月まで内閣官房長官を、二〇〇七年九月から二〇〇八年九月まで内閣総理大臣を歴任された福田康夫衆議院議員（元職、衆七期、内閣総理大臣、内閣官房長官などを歴任）であり、いずれの会議もその任務に就かれている時期に設置されている。

一九九九年には情報公開法が制定されているが、その制定過程において情報公開クリアリングハウス[※6]や自由人権協会、日本弁護士連合会[※7]などは、公文書管理法の制定を強く求めていたが、その制定には至らなかった[※8]。霞が関官僚の抵抗もその要因の一つであろう。

市民公文書ネットの取組み

二〇〇八年に、翌年の国会に公文書管理法案が国会に上程される予定との情報が流れ、情報公開制度などに携わる市民団体関係者などからの呼びかけがあり、「市民のための公文書管理法の制定を求めるネットワーク（市民公文書ネット）」が二〇〇九年三月に設立され、市民政調事務局もその一員として係わることになった。その準備は、二〇〇八年末から二〇〇九年初頭にかけて頻繁に会議、打合せの機会を持ち、行ってきたと記憶している〔表1〕。

三月一七日にはその設立も兼ねて「政府案検証―市民のための公文

書管理」をテーマに第一回公文書管理フォーラムを開催している。このような経過をみてもわかるように、市民公文書ネットの目的は政府から提出された公文書管理法案を「『政府のための公文書管理法』ではなく、『市民のための公文書管理法』」とするため、「多くの市民の参加により、提案書をまとめ、全国会議員と各政党に理解を求める」ことが設立趣意書で示され、法律の制定までを一定の活動期間とした時限的なネットワーク組織であった。

そして四月には「市民公文書ネット・一〇の提案（意見）」を公表し、五月一四日には「市民のための公文書管理―国会審議に向けて」をテーマにしたフォーラムを衆議院議員会館会議室にて開催している。並行して国会での審議に向けてロビー活動を行った〔資料1〕。

民主党「公文書管理」作業チームの動き

市民公文書ネットの設立準備と並行して、二〇〇九年一月に市民政調の理事でもある西村智奈美衆議院議員（四期、厚生労働副大臣、外務大臣政務官などを歴任）に、民主党による取組みとして公文書管理法に関するプロジェクトチーム等の設置を要請した。民主党内部でも、「次の内閣」内閣府担当大臣である松井孝治参議院議員（元職、二期、内閣官房副長官などを歴任）から西村智奈美議員に要請があり、枝野幸男衆議院議員（八期、内閣官房長官、経済産業大臣などを歴任）を座長に、西村智奈美議員を事務局長にした「公文書管理法作業チーム」[※9]が民主党内に設置された。

その作業チームの第一回会合（二〇〇九年二月九日）には、市民公文書ネットの呼びかけ人でもある情報公開クリアリングハウスの三木由希子理事（現在理事長）と三宅弘弁護士が学識者として呼ばれ、四月までに六回の会議が開催されるとともに「民主党・公文書の管理に係る方針」がまとめられた。その作業チームの会合には市民政調事務局も参加・傍聴し、ヒアリング対象の学識者等の人選などについての相談や、「民主党・公文書の管理に係る方針」については市民政調事務局から提示したものを原案として検討が進められた。

「公文書管理法」の制定

二〇〇九年三月に国会に提出された公文書管理法案は、[※10]五月二二日に衆議院内閣委員会で小渕優子（衆院六期、経済産業大臣、内閣府匿名担当大臣（少子化政策・男女共同参画）などを歴任）内閣府特命担当大臣により趣旨説明が、[※11]二七日から審議が行われた。その審議と並行して与野党折衝が行われ、[※12]六月一〇日には修正案が提出され原案とともに総員賛成をもって内閣委員会で可決され、翌一一日の衆議院本会議で可決された。そして参議院に送致され、六月二三日に内閣委員会で翌二四日に本会議で可決し成立し、[※13]七月一日に公布された。

二〇〇七年の参議院議員選挙で与野党の議席が逆転しいわゆるねじれ国会となっていたことから、公文書管理法の制定においても野党の意見を十分取り入れなければ成立は困難であった。また、国会審議等においても内閣官房に設置されていた「有識者会議最終報告の内容から閣法（政府案）はかなり後退しており不十分」（西村、二〇〇九年一〇月）との指摘がされ、多くの修正がなされたのである。

[※14]修正された重要な点は多くあるが、特に第一条の目的に「公文書等が、健全な民主主義の根幹を支える国民共有の知的資源」と明記され、行政文書の廃棄に内閣総理大臣の同意が必要としたことなどは、市民公文書ネットの活動の成果の一つであると言っていいだろう。

第一条　この法律は、国民主権の理念にのっとり、公文書等の管理に関する基本的事項を定めること等により、行政文書等の適正な管理、歴史公文書等の適切な保存及び利用等を図り、もって行政が適正かつ効率的に運営されるようにするとともに、国及び独立行政法人等の有するその諸活動を現在及び将来の国民に説明する責務が全うされるようにすることを目的とする。

第一条　この法律は、国及び独立行政法人等の諸活動や歴史的事実の記録である公文書等が、健全な民主主義の根幹を支える国民共有の知的資源として、主権者である国民が主体的に利用し得るものであることにかんがみ、国民主権の理念にのっとり、公文書等の管理に関する基本的事項を定めること等により、行政文書等の適正な管理、歴史公文書等の適切な保存及び利用等を図り、もって行政が適正かつ効率的に運営されるようにするとともに、国及び独立行政法人等の有するその諸活動を現在及び将来の国民に説明する責務が全うされるようにすることを目的とする（傍点は筆者）。

以上が、公文書管理法の制定における動きである。この取組みにおいては市民政調内にプロジェクトチームなどを設置するのではなく、市民公文書ネットを多数の市民団体との協力のもとで時限的に設立し、法律の制定に関与した事例である。その役割は、市民公文書ネットのメンバーと密に連絡をとり、市民政調のつながりを最大限活用して政党や国会議員への働きかけ、協力を行ったものである。

その後、二〇〇九年八月末に民主党を中心とする政権が誕生し、公文書管理担当に法案審議時に衆議院内閣委員会の理事であった泉健太衆議院議員（衆院六期、内閣府大臣政務官、市民政策議員懇談会事務局長などを歴任）が内閣府大臣政務官に就任し、二〇一一年四月の法施行にあたり公文書管理委員会の委員の人選なども民主党公文書管理作業チームや国会審議等の経験がその任務遂行にあたって参考になったようである。

【注】

※1 「歴史資料として重要な公文書等の適切な保存・利用等のための研究会」http://www8.cao.go.jp/chosei/koubun/kako_kaigi/kenkyukai/kenkyukai.html

※2 「公文書等の適切な管理、保存及び利用に関する懇談会」http://www8.cao.go.jp/chosei/koubun/kako_kaigi/kondankai/kondankai.html

※3 「行政文書・公文書等の管理・保存に関する関係省庁連絡会議」http://www.cas.go.jp/jp/seisaku/gyouseibunshou/

※4 「第一七一回国会 公文書管理の在り方等に関する有識者会議」http://www.cas.go.jp/jp/seisaku/koubun/

※5 「第一七一回国会 公文書等の管理に関する法律案 提出時法案」（衆議院）http://www.shugiin.go.jp/internet/itdb_gian.nsf/html/gian/honbun/houan/g17105041.htm

※6 「情報公開クリアリングハウス」http://clearinghouse.main.jp/

※7 「自由人権協会」http://jclu.org/

※8 三宅弘、「公文書管理法の背景と意義」、『市民政策64号』、市民がつくる政策調査会、二〇〇九年

※9 西村智奈美、「公文書管理法をめぐる民主党と国会の動き」、『市民政策64号』、市民がつくる政策調査会、二〇〇九年

※10 「第一七一回国会 二〇〇九年五月二二日衆議院内閣委員会・議事録」http://kokkai.ndl.go.jp/SENTAKU/syugiin/171/0002/17105220002011a.html

※11 「第一七一回国会 二〇〇九年五月二七日衆議院内閣委員会・議事録」http://kokkai.ndl.go.jp/SENTAKU/syugiin/171/0002/17105270002012a.html

※12 「第一七一回国会 公文書管理法修正案」（衆議院）http://www.shugiin.go.jp/internet/itdb_gian.nsf/html/gian/honbun/syuuseian/1_50B6.htm

※13　「第一七一回国会 議案名「公文書等の管理に関する法律案」の審議経過情報」（衆議院）http://www.shugiin.go.jp/internet/itdb_gian.nsf/html/gian/keika/1DA558E.htm

※14　詳しくは※9をご覧いただきたい。

資料1

市民公文書ネット・10の提案（意見）

1. 公文書は「公共財」、市民には「知る権利」が（第1条関係）

政府案では、〝現在及び将来の国民に説明する責務が全うされるようにすること〟を目的としている。そのことは評価できるが、公文書は〝公共財〟であり、市民にはそれを〝知る権利〟があることが示されていない。

目的に、公文書は〝公共財（国民の共有財産）〟であり、市民にはそれを〝知る権利〟がある、との記述を明記することを求める。

2. 公文書等を広義に捉える（第2条関係など）

政府案では、①行政文書、②法人文書、③特定歴史公文書等を「公文書等」とし、「行政文書」とは〝行政機関の職員が職務上作成し、又は取得した文書であって、当該行政機関の職員が組織的に用いるものとして、当該行政機関が保有しているものをいう。〟とされている。この定義は、行政機関情報公開法と同様の定めになっている。

「公文書等」を広義に捉え、立法、司法、行政における政策立案・形成、業務等に関する資料、文書、記録等を位置づけることを求める。また、独立行政法人や特殊法人、認可法人など公的機関が民営化された場合においては、民営化される以前の政策立案・形成、業務等に関する資料、文書、記録等を位置づけることを求める。さらに、個人的なメモ（2人以上で回覧・閲覧したもの等）なども含めることも求める。

3. 公文書管理機関を3条委員会に（第5章関係など）

政府案では、内閣府に「公文書管理委員会」を置き政令事項などについて諮問しなければならない、としている。これは、内閣府設置法第37条の3項にもとづく機関（審議会と同等）であり、役割や権限について不十分であると思われる。

公文書管理機関は、今後また将来の公文書管理のしくみを構築するうえで重要な組織であり、規則制定権等一定の権限のある〝国家行政組織法第3条に基づく組織〟とし、別の法律で定めることを求める。なお、その業務の遂行にあたっては、国立公文書館と連携協力（牽制も含む）のもとに進めることはいうまでもない。

4. 作成義務は広範に（第4条関係など）

政府案では、当該行政機関の〝意思の決定〟、〝事務・事業の実績〟について、文書を作成しなければならないものとしている。

「作成義務」の範囲を、意思の決定、事務・事業の実績はもとより、事務・事業等における〝意思の形成（政策形成）〟などに関する資料、文書、記録等も含むよう求める。

5. 取得義務の明記を

政府案では、4のとおり作成の義務規定はあるが、「取得」についてはなんら示されていない。

各機関の委託等による事業報告書等や、業務遂行において必要なものについては、その元となるデータ資料等についても取得の義務を法律で定めることを求める。

6. 「政令事項」、「行政文書管理規則」へのチェック機能を（第4条から第10条関係など）

政府案では、「第2章行政文書の管理」で、作成、保存、保存期間・延長、移管・廃棄などに関する内容（統一的なルールなど）については、公文書管理委員会に諮問し政令で定めることとしている。また、「行政文書管理規則」については、内閣総理大臣との協議、同意のもとに各行政機関の長が定める、こととしている。

円滑な公文書の管理には統一的なルールが必要であり、その基本（基準）となる事項を法律で定め、それに基づき公文書管理機関の長が政令（規則）等で詳細な事項を定めるといった規定にすることを求める。また、各行政機関における「行政文書管理規則」については、（公文書管理機関の長の承認など）その作成過程で当該行政機関以外のチェック機能を定めることとするよう求める。

7. 移管・廃棄権限を行政機関以外に（第5条、第8条関係など）

政府案では、行政機関の長が、保存期間が満了した行政文書ファイル等を移管又は廃棄しなければならない、としている。

移管・廃棄の決定に際しては、規則等で統一的なルールを定めることともに、公文書管理機関の長の承認のもとに行うなど、行政機関の長のみの権限ではないこととするよう求める。

8. 保存期間の判断を行政機関以外に（第5条関係など）

政府案では、行政機関の長が保存期間とその延長などを定めることとしている。

保存期間や延長の決定については、規則等で統一的なルールを定めることともに、公文書管理機関の長の承認のもとに行うなど、行政機関の長のみの権限ではないこととするよう求める。

9. 中間書庫の設置、機能を明確に（第6条関係など）

政府案では、行政機関の長が適切な保存及び利用を確保するために〝必要な場所〟において、保存しなければならない、としており、「中間書庫」に関する明確な記述はなく、機能が不明確である。

「中間書庫」に関する規定を明確にし、その設置、機能等を法文上明記することを求める。

10. 国立公文書館を「特別の法人」に（第15条関係など）

政府案では、特定歴史公文書等については「国立公文書館等」が管理、保存、利用等を行うこととしており、その役割は重要であるが、独立行政法人ではその任務を果たすことは困難ではないかと思われる。

国立公文書館は、現在の独立行政法人ではなく、〝特別の法律により設立された法人（特別の法人）〟とし、その役割や権限などを明確にするよう求める。また、特定歴史公文書の利用制限や利用料なども明確にし、その策定段階での情報公開、市民参加等を明記することを求める。

11. その他の重要事項として（検討事項など）

○「法律の見直し」に関する規定を求める。

○立法、司法などにおける文書管理のしくみを検討し、立法上の措置を講じることを求める。

○「公文書館法 附則の2」を削除し、専門の職員の人材養成等に関する規定を求める。

○必要な罰則に関する規定を求める。

【実現に至っていないテーマ・積み残した課題から】

市民政策提案プロジェクト（ＰＴ）のテーマの多くは、市民生活や市民活動の中から発生する具体な課題が多い。一方で当事者が見えない、見えにくい課題もある。例えば、行政執行過程への市民参加検討ＰＴや市民政府設計ＰＴ（市民政府研究会）、自治体における代表制検討ＰＴ、公共政策・計画への市民参加に係る制度設計調査ＰＴ、公共政策・事業評価制度に関する調査ＰＴなどがあげられる。それらは分野を超えた課題であり、誰でもが当事者となり得る課題であるが、それゆえに取組みにくいテーマでもある。

また、ＰＴでの取組みにより制度づくりや見直しなどが実現したものはけっして多くはない。提言書などを作成、公表しても〝置き去り〟になっているものも少なくない。

ここでは、そのようなテーマの中から「選挙制度検討ＰＴ」と「国会改革・請願制度検討ＰＴ」の取組みについて紹介する。

公職選挙法の廃止　二〇〇八―二〇〇九年

「選挙制度検討ＰＴ」の取組みから

選挙制度検討ＰＴの設置

選挙制度検討ＰＴの設置は、坪郷實代表理事や須田春海理事会幹事、東京・生活者ネットワークの事務局長を務められた塩田三恵子さんなどの相談のもとに進められた。二〇〇八年五月に開催された第一回会合では、㈠選挙運動（事前運動含む）に関する課題を整理しその制約を緩和するための制度を設計する、㈡候補者や政党の（政策）情報発信に関する課題を整理し有権者が望む方法を検討しその制度を設計する、㈢候補者や

表１　選挙制度検討 PT 会合・一覧

開催日	主な内容（所属等は当時のもの）
2008 年 5 月 14 日	・プロジェクト設置の経緯・主旨（説明）、 ・検討・活動内容、事項（ポイント）等について
2008 年 6 月 6 日	日本の公職選挙法の問題点と改革の課題－諸外国との比較も交えて 片木　淳さん（早稲大学大学院公共経営研究科教授）
2008 年 7 月 8 日	選挙運動におけるインターネット解禁について―現行制度の課題と国会の動向 鈴木　寛さん（参議院議員／民主党インターネット選挙活動調査会事務局長） 高橋　茂さん（ボイスジャパン代表）
2008 年 7 月 25 日	自由にできる選挙活動－選挙法の解釈と実践 渡部 輝人さん（弁護士／自由法曹団京都支部）
2008 年 9 月 1 日	選挙管理委員会の仕事－選挙運動・政治活動への関与と（制度的）課題 小島勇人さん（川崎市選挙管理委員会）

＊ 10 月から 2009 年 1 月まで、メンバー間での会合を 4 回開催

政党の（政策）情報を比較評価するためのしくみがなくその制度的課題の整理と制約を緩和するための制度を設計する、㈣選挙（政治）資金への個人寄付等の制度的課題を整理しその解決のための制度を設計する、ことなどにより「だれでもが自由に参加しやすい〝選挙〟のしくみをつくること」を目的として取組むことが確認され、活動を開始した〔資料１〕。

当初は、研究者や選挙管理委員会の事務担当者、国会議員などをゲストにヒアリングを行い、現行公職選挙法がいかに政治活動・選挙運動の自由を阻害しているかについての認識を共有化し、その可笑しさについてわかりやすく発信するためのブックレットの作成をめざして取組んだ。ＰＴメンバーの多くが自治体議会議員の選挙経験者であることから、その体験をもとにした問題点を示すことに一定の労力を注いだ〔表１〕。

ブックレットの発行

約一年間の活動をふまえてＰＴ報告書（ブックレット）として『公職選挙法の廃止―さあはじめよう市民の選挙運動』[*1]を二〇〇九年五月に発行した。

その内容は、第一部「『規制だらけの選挙』から『市民が参加しやすい選挙』へ」として「提案・代表者選考に関する新しい法律―公職選挙法の廃止」、「公職選挙法による選挙運動規制の現状と問題点」として示し、第二部では「選挙の不思議議二〇選―経験者が記す現場の矛盾」として、

第1章　選挙広報にまつわる不思議

1　公選はがきに規制がいっぱい！／2　貼り替えの手間もお金もかかる4種類のポスター／3　街頭に立って、名前を見せちゃだめなの⁉／4　確認団体って何？

第2章　演説・対話にまつわる不思議

5　選挙の期間中こそ、しっかり聞きたい…演説会／6　〝あなただけ〟に話しかけてます／7　家に行っちゃだめなの⁉／8　当選後、「お礼」を言ったら、選挙違反！

第3章　事務所・道具にまつわる不思議

9　選挙事務所は1ヶ所だけ？休憩所もだめ？／10　食べるの大好きおばさん公選法でへとへと？／11　何より大事な「七つ道具」／12　署ごとに異なる？選挙カーのチェック

第4章　選挙応援・事務にまつわる不思議

13　本人の妻⁉／14　二〇歳未満、選挙運動お断り！だけど政治活動はＯＫ⁉／15　報酬と実費弁償と……ややこしい／16　ボランティア倍増で経費も倍増？

第5章　選挙資金にまつわる不思議

17　公費負担経費ってどんなもの？ほんとうに必要なの？／18　カンパをするのも受けるのもひと苦

労！／19　お金がないと立候補できない⁉／20　選挙費用は九日間だけ？

の二〇項目の選挙運動等にかかわるさまざまな矛盾を、ＰＴメンバーを中心に東京・生活者ネットワークや神奈川ネットワーク運動の関係者により選挙の実践レポートとしてイラスト入りでわかりやすく記した。このレポートは、選挙運動にかかわったことのない人にも、その規制がいかに矛盾していて可笑しなものかを伝えることを意図したものである。

「選挙市民審議会」の動き

近年、マニフェストの頒布やインターネット等による選挙運動の緩和、選挙権年齢一八歳への引き下げなどの規定について、公職選挙法が改正された。しかし、戸別訪問や立会演説会の禁止、一八歳未満者による選挙運動の禁止など、「選挙の不思議二〇選」で示した規定は未だに残存されている。二〇〇九年以降は市民政調でもその後の取組みは進められていない。

そのような中、ブックレットの共著者である片木淳氏を共同代表の一人として「選挙市民審議会」[*2]が二〇一五年一一月より活動を開始した。その活動内容は、選挙関連制度等の改革のためその立法事実や改正案などを具体的に提案しようとする取組みであり、二〇一七年一月には中間答申[*3]（報告書）が出されている。その中身は「選挙の不思議二〇選」で提示した課題についても、その具体的な法改正の提案などが含まれたものとなっている。この選挙市民審議会の発足や活動には、市民政調の関係者も多く参画しており、選挙制度検討ＰＴの意思を引き継ぐ活動としても注目したい。

このように選挙制度検討ＰＴは、市民政調として取組んだテーマが、一定の期間は経過したもののその取組みを参考として新たな活動へと発展的に引き継がれた活動の一つであると言える。

まだまだ道半ばではあるが、その取組みをさらに進めることが選挙制度検討ＰＴがめざした「選挙活動が自由に出来る仕組みをつくることが新しい政治文化そのスタート」となることであろう。

【注】

＊1　市民政調選挙制度検討プロジェクトチーム・片木淳、Civics 叢書『公職選挙法の廃止―さあはじめよう市民の選挙運動』生活社、二〇〇九年五月三〇日

＊2　『選挙市民審議会』「公正・平等な選挙改革にとりくむプロジェクト」https://toripuro.jimdo.com/

＊3　「選挙市民審議会中間答申全体」https://toripuro.jimdo.com/

資料1

だれでもが参加しやすい〝選挙運動〟にするための制度を検討するプロジェクト（選挙制度検討ＰＴ）

二〇〇八年二月二四日／事務局

□メンバー

小川　宏美さん（東京・生活者ネットワーク運営委員／国立市議会議員）

藤居　あき子さん（東京・生活者ネットワーク／ほっとコミュニティえどがわ理事）
若林　智子さん（神奈川ネットワーク運動共同代表／横浜市議）
河崎　民子さん（神奈川ネットワーク運動／大和市議）
須田　春海さん（市民運動全国センター代表世話人）
坪郷　實さん（早稲田大学教授）
塩田　三恵子さん（参議院議員大河原雅子事務所）
米良　重人（市民がつくる政策調査会）＝事務局兼務
川合　利恵子さん（東京・生活者ネットワーク）＝事務局
小林　幸治（市民がつくる政策調査会）＝事務局補佐

請願制度改革　二〇一一―二〇一二年

国会改革「請願制度」検討PTの取組みから

「請願制度」検討PTの設置

国会改革「請願制度」検討プロジェクトチーム（請願制度検討PT）は、二〇〇九年八月の民主党を中心とする政権交代が二年ほど経過した後の二〇一一年一月に開催した第一回会合で正式に設置した〔資料1〕。請願制度、特に国会請願を中心にその歴史的な経緯や実態を明らかにし、国会への市民参加のツールとして活用しやすくし、〝請い願う〟「請願」から「市民提案」の仕組みとすることを念頭に検討を進めることとした。請願制度検討PTの設置のもう一つの理由として、当時の政権党であった民主党では二〇〇九年の政権交代を経て「国会改革の活性化」を重要な検討テーマすることとしてその作業が進められていたことである。

請願制度検討PTでは、石毛鍈子衆議院議員事務所を通して衆参議院の請願課への資料の請求や、諸外国の動向などについては国立国会図書館への調査依頼を行い、その実態や課題などについて整理を行った。その実態として、国会会期ごとの請願受理件数や採択数・率などを数値化し、約九割程度の請願が審議未了として扱われていること〔表1〕や、一九四七（昭和二二）年の第一回国会での衆議院議院運営委員会では、

一、請願は、議案その他の審査と睨み合せ、委員会が適当と認める時期に審査する。

二、請願を審査するときは、先づ紹介議員の説明を聴取する。

五、請願の審査のために、証人の出頭を求め委員を派遣し及び報告及び記録の提出を要求することはできる。

六、請願の審査は、愼重を期することとし、苟も採択した以上は、必ずこれが実現の方途を講ずるものとする。これがため

（イ）請願の内容に應じ必要あるときは、委員会において法律案を起草提出する。

等の措置を講ずる。

といった請願、陳情にかかる申し合わせ事項が確認されているが、「紹介議員による説明」や「証人の出頭」などは近年実施されていないなど、歴史的な経緯の整理などの作業を中心に取組みを進めた。

173		176		177	
件数	率	件数	率	件数	率
1	0.1%	26	4%	246	9%
1,086	99.9%	712	96%	2,506	91%
1,087	—	738	—	2,752	—
134	16%	23	4%	56	2%
674	83%	581	96%	1,981	86%
814	—	604	—	2,307	—
2009年 10月26日～ 12月4日		2010年 10月1日～ 12月3日		2011年 1月24日～ 8月31日 （常会）	

政策・制度の提案、提言書の発布

そのような経過をふまえて、二〇一二年二月に第一次提言（報告書）[*1]「請願制度改革―国会への市民参加制度の第一歩として」と題した提言書を公表した。そのポイントとして下記のような事項を示した。

表１　請願処理（採択の上内閣へ送付・審査未了）件数と率

国会回次		164		165		166		168		169		170	
処理内容		件数	率	件数	率	件数	率	件数	率	件数	率	件数	率
衆議院	採択（内閣へ送付）	402	10%	155	11%	489	20%	145	11%	509	10%	177	14%
	審査未了	3,565	90%	1,237	89%	2,010	80%	1,136	89%	4,436	90%	1,086	86%
	受理件数	3,970	—	1,392	—	2,499	—	1,283	—	4,945	—	1,263	—
参議院	採択（内閣へ送付）	268	8%	155	12%	358	15%	158	11%	319	8%	99	9%
	審査未了	3,167	92%	1,098	88%	2,076	85%	1,301	89%	3,496	92%	991	91%
	受理件数	3,435	—	1,253	—	2,434	—	1,459	—	3,816	—	1,090	—
備考		2007年 1月20日～ 6月18日（常会）		2007年 9月26日～ 12月19日		2008年 1月25日～ 7月5日（常会）		2007年 9月10日～ 2008年 1月15日		2008年 1月18日～ 6月21日（常会）		2008年 9月24日～ 12月25日	

１　「提案型請願（仮）」と「苦情型請願（仮）」に区分

○〝法律、命令又は規則の制定、廃止又は改正〟等に関して、その根拠、目的、内容等を概ね示したものを「提案型請願（仮）」、〝損害の救済、公務員の罷免〟等のほか「提案型請願（仮）」以外を「苦情型請願（仮）」として、区分する。

２　請願小委員会の設置

衆参各委員会に「請願小委員会（仮）」を設置し、

○「提案型請願（仮）」と「苦情型請願（仮）」の分別

○〝会議に付するもの〟、〝付さないもの〟に区分し委員会に報告（但し、議員二十人以上の要求があるものは、これを会議に付さなければならない。）などを行う。

㈠各委員会での手続き

○「請願小委員会（仮）」より報告され〝会議に付するもの〟とされた「提案型請願（仮）」及び「苦情型請願（仮）」は、各委員会において審議を行い、〝採択すべきもの〟、〝不採択とすべきもの〟に区分し、議院に報告する。

○採択すべきもののうち、〝内閣に送付するもの〟、〝議院として取扱うもの〟とに区分し、その旨を記す。

○「提案型請願（仮）」の審議にあたっては、請願者による意見聴取を行うことができる。

３　取扱い

㈠内閣への送付

㈡議院での取扱い

○「提案型請願（仮）」の中で各議院において採択した請願で、議院として取扱うこととしたものは、議院運営委員会で協議し、議院に報告する。

４　情報提供

○議院は、請願の経過及び結果等については、（記録した文書、図画又は電磁的記録）適時ホームページ等で公開する。

５　インターネットによる請願提出の試行的実施

○請願書の提出について、インターネットを活用した方法等を試行的に実施する。

民主党等への働きかけ

その提言書を題材にして、二〇一二年三月一三日に衆議院第二議員会館会議室で市民政策フォーラムを開催した。当日は駒澤大学の大山礼子教授から「日本の国会―その課題と改革の必要性」をテーマにした講演と請願制度検討ＰＴメンバーで早稲田大学社会科学総合学術院教授でもある坪郷實市民政調代表理事、地域生活研究所三浦一浩研究員のお二人から提言書についての説明がされ、参加国会議員への周知を試みた。

また、請願制度検討ＰＴと並行して二〇一一年九月から、小西洋之参議院議員（一期）を中心にした請願制度学習会を四回ほど開催し、制度的課題の整理や改善するための仕組みなどを検討し、一定の方向性を整理したうえで民主党内に請願制度ワーキングチーム（ＷＴ）の設置などを働きかけたが、二〇一二年一二月には衆議院が解散となり、その実現には至らなかった。

請願制度検討ＰＴ・第一次提言（報告書）の「はじめに―国会改革の必要性」では「国会と政府の関係、衆議院と参議院の関係も含めて、グランド・デザインを描きながら、国会改革を進めていくことが重要である。その中で、日本国憲法十六条は、市民の権利として請願権を保障している。これに基づく請願制度は、市民からの立法提案であるとともに、行政監視の機能を強化する制度である。しかし、現状では、多くの請願は『審査未了』とされ、市民による多くの提案を十分に議論する仕組みになっていない。この請願制度の改革が国会への市民参加の第一歩であり、国会改革のさらなる一歩になると考える。」と示したが、残念ながら未だにその一歩を踏み出すことができていない。

「公職選挙法の廃止」と同様に、市民政調の取組みから積み残しとなった重要なテーマの一つであり、その引き取り手も現在のところ見つかってはいない。

【注】

＊1　市民がつくる政策調査会・請願制度検討ＰＴ、「請願制度改革―国会への市民参加制度の第一歩として」、二〇一二年二月一〇日　http://www.c-poli.org/wp-content/uploads/2014/10/ssdkkk.pdf

資料１

国会改革「請願制度」検討プロジェクト

□検討主体

市民がつくる政策調査会国会改革「請願制度」検討プロジェクト・チーム

坪郷實（早稲田大学社会科学総合学術院教授／市民がつくる政策調査会代表理事）

三浦一浩（(財）地域生活研究所研究員）

小林幸治（市民がつくる政策調査会事務局長）

市民政策円卓会議の活動から

関係府省担当者と政策・制度を議論

活動の柱の一つである「市民政策円卓会議」は、かつて日本社会党が取組んでいた「市民と議員の土曜協議会」の活動を継承したものである。市民や市民団体等からの問題提起により国会議員をコーディネーター（司会役）として主に関係府省の担当者との意見交換の場を設定し、事前に「質問状」としてそれぞれの府省の担当に投げかけ、その解答を持って会議の場に参加するという方式を基本としてきた。

第一回は、神戸大学阿部泰隆教授を問題提起者に「最重度知的障害者の施設入所をめぐって」をテーマにして、一九九七年五月二六日に開催した。対象省庁は厚生省で、石毛鍈子衆議院議員がコーディネーターであった。そして二〇〇九年四月一七日の第四九回が最後である。この回は「子育て支援」をテーマにかながわ市民自治研究会、子ども未来じゅくなど、神奈川ネットワーク運動の関連団体関係者などを中心に問題提起者となり、厚生労働省雇用均等・児童家庭局保育課の担当者との意見交換を大河原雅子参議院議員のコーディネートにより開催した。

ここでは、五〇回を数えた円卓会議の活動の中から、特に複数回開催したテーマについてその経過やその後の状況などについて紹介する。

障害者・高齢者等の移動・移送サービス　一九九七―二〇〇二年

移動・移送サービス問題をテーマにした円卓会議は、一九九七年八月（第三回）、九八年八月（第九回）、二〇〇一年五月（第二六回）、〇二年七月（第三四回）の四回にわたり開催してきた。問題提起はいずれも東京ハンディキャブ連絡会をはじめとした、移動・移送サービスを実施する団体やそのネットワーク組織によるものであった。対象の府省は、省庁再編以前は厚生省と運輸省、二〇〇一年の再編以降は厚生労働省と国土交通省であった。[*1][*2]

九七年の会議では、非営利市民事業として実施している移動・移送サービスの運行実態などを行政側が把握していないこと、たとえ無料であっても不特定の人が乗車し運行するのであれば道路運送法上の事業であることなどを確認し、高齢者や障害者など移動制約者への移動支援が必要であるという認識などが共有化された。翌九八年の円卓会議では、移動制約者への移動支援のための制度としてどのような仕組みが考えられるか、といった内容が議論の中心であった。その過程では事前の打合せ会議などを密に行い、運輸省や厚生省からの回答や意見などを分析し、関連する制度も事前に学び共有化したことでより論点を明確にすることができた。

その後、各省でも検討が重ねられ二〇〇六年の道路運送法の改正というかたちで移動・移送サービスが「過疎地有償運送」または「福祉有償運送」として法的に位置づけられていく。自治体が設置する「運営協議会」の承認のもとに国土交通大臣の許可を得るという仕組みである。

一九九九年には、民主党の細川律夫衆議院議員（元職、七期、厚生労働大臣などを歴任））の石原憲治秘書、石毛鍈子衆議院議員の林和孝秘書、民主党政策調査会の栂坂英樹氏などが中心となり、市民政調の事務局も関与してNPOなどが実施する移動・移送サービスを道路運送法から切り離し、個別な法律として位置付ける「福祉旅客自動車運送事業法案」の立案が進められたが、残念ながら国会に提出されることはなかった。当時はバブルの崩壊による景気の低迷など、タクシー事業者の経営状況などやその後の規制緩和などの影響により、法案提出には一定の抵抗があったことも提出には至らなかった要因の一つのである。

近年でも、特に過疎地域などでは公共交通が削減される中、「移動・移送サービス」の問題をはじめ人の移動、地域交通の問題は地域・自治体が責任をもって進める政策であり、国による許可が必要な仕組みではない制度とするなど、今一度再考すべき問題でもある。

杉並不燃ごみ中継所と杉並病問題　一九九八―一九九九年

一九九六（平成八）年四月に、東京都杉並区井草四丁目に東京都清掃局により杉並不燃ごみ中継所が開設された。この中継所は、一般家庭から排出された不燃ごみを収集、圧縮し、最終処分場に運搬するための施設であった。その施設の開設後に周辺住民からのどの痛み、口・眼の異常など健康不調の訴えがあり、その中には化学物質過敏症と診断された方もおり、中継所で行う不燃ごみの圧縮過程で放出される化学物質による影響ではないかとの指摘がなされた。

その現場である杉並中継所の見学や周辺住民の方々との面談、「杉並病をなくく会」の森上展安会長や津谷裕子さんなどと懇談をする中で円卓会議の開催を準備することになった。

一九九八年一月（第四回）には厚生省と環境庁を対象に、同年六月（第八回）には厚生省と環境庁に加え東京都と杉並区を対象に、一九九九年一〇月（第一四回）には厚生省と環境庁、杉並区を対象にして、三回の円卓会議を開催してきた。問題提起は杉並病をなくす会を中心に、コーディネートは小林守衆議院議員（元職、四期）、金田誠一衆議院議員（元職、五期）、田中甲衆議院議員（元職、三期）に担っていただき、会議には他の国会議員も複数参加されたと記憶している。

円卓会議の開催及びその準備と並行して杉並病をなくす会、市民オンブズマン杉並（ＳＯＳ）、市民政調の三団体を実施主体として杉並・生活者ネットワークなどの関係者の協力もとに「杉並中継所周辺健康被害アンケート調査」を実施した。中継所周辺半径約五〇〇ｍ以内の世帯（約五〇〇〇人）を対象にアンケート票を各戸配布し、三二一人からの回答をもとに集計して一九九八年六月の公表とともに同年同月に開催した円卓会議でも配布し説明を行った。

円卓会議の場では、中継所と体調不良の因果関係を認め、中継所を一時停止するなどといった回答は得られなかったが、二〇〇二年六月には公害等調整委員会から「申請人一八人中一四名について、平成八年四月から八月ころに生じた健康不調の被害の原因は、被申請人の管理に係る杉並中継所の操業に伴って排出された化学物質によるものである。」[*3]との裁定が下された。

また、杉並中継所は二〇〇〇年に東京都から杉並区に移管され、一〇年後の二〇〇九年三月三一日をもって廃止された。

市民政調では、この取組みを契機に化学物質過敏症問題、シックハウス問題などに取組むことになった（詳細は「シックハウス対策法」二二頁参照）。なお、杉並病をなくす会の中心メンバーは、「ＮＰＯ化学物質による大気汚染から健康を守る会（ＶＯＣ研）」（理事長：森上展安）として、化学物質と身体影響などに関する活動を継続して行っている。

その他の取組みなど

以上以外にも「所沢市周辺のダイオキシン問題」や「障害者に係る欠格条項」の問題などは、円卓会議として複数回開催してきたテーマである。

「所沢市周辺のダイオキシン問題」については、一九九八年五月二〇日（第七回）と同年一一月九日（第一〇回）の二回開催している。問題提起は中新井の環境を考える会などから、小林守衆議院議員と佐藤謙一郎衆議院議員（元職、参院一期、衆院五期）のコーディネートで厚生省と環境庁担当者との意見交換を行った。この問題は、所沢周辺には多くの産業廃棄物焼却施設などが存在しており、特に「くぬぎ山周辺」などに集中していることから周辺の環境悪化が懸念され、法規制等が必要ではないかとの問題提起がなされた問題である。マスコミなどでも取り上げられ、「ダイオキシン類対策特別措置法」が議員立法により一九九九年の成立に至ったきっかけの一つであった。

「障害者欠格条項の見直し」の問題については、一九九八年一二月一八日（第一一回）と二〇〇二年六月二〇日（第三三回）の二回開催している。いずれも障害者欠格条項をなくす会[*4]を中心に問題が提起され、石毛鍈子衆議院議員と岡崎トミ子参議院議員（元職、衆院二期、参院三期、国家公安委員会委員長、内閣府特命担当大臣などを歴任）のコーディネートのもとに総理府、内閣府の担当者との意見交換を行った。

この問題は、各種資格制度等に規定されている障害者の欠格条項の見直しが政府内で進められつつある中、その撤廃また大幅な緩和により障害者を区別（差別）することのない社会づくりをめざそうとしたものである。一九九八年の円卓会議の開催をふまえて、翌年の一九九九年には「欠格条項」検討PTを設置し二〇〇〇年三月にはその取組みや参考資料などをまとめた『欠格条項にレッドカードを！—障害者欠格条項の見直しに関する提言』を発行した。このPTは実質的な事務局をDPI権利擁護センターに置き、障害者欠格条項をなくす会の主導のもとに進められたものである。障害者欠格条項をなくす会は現在でもその活動を継続しており、二〇一三年制定された「障害を理由とする差別の解消の推進に関する法律（障害者差別解消法）」の施行後の状況などについても注視し、さまざまな意見や提案活動を行っている。

約一〇年間の間に五〇回開催した市民政策円卓会議には、問題提起者として約一〇〇団体が関与してきた。その多くは、活動の中から制度的な課題は感じつつも、日常の活動に追われてその取組みを優先することができない団体などである。市民政策円卓会議は、その取組みを後押しするための一つのツール（場）であった。一九九八年に特定非営利活動促進法が、一九九九年には行政情報公開法が制定されて、市民活動に対する認識や行政情報の公開などはその後急速に進んだが、国会議員の仲介のもとに行政（府省）担当者との直接意見交換の場を設けることがまだ一般的ではない時期での開催に苦慮したこともあった。二〇〇九年でその活動が休止しているが、その後は多くの市民団体やNPOによって同様の会議が開催されるようになってきたことが理由の一つである。

少なくとも、新たな制度づくりや見直しのためには、現行制度を理解しその問題点を整理することが必要であり、市民政策円卓会議は法律や〝行政用語〟の学びの場としても貢献できたものではないかと思う。

市民政策円卓会議の前身である「市民と政府の土曜協議会」の取組みを進められた河野道夫氏が指摘され

るように、自らが抱える課題を自らが考えその解決方法を模索すること、その過程で府省担当者や国会議員と意見を交換することなどは、「デモクラシーを前進させること」にもつながることでもあり、今後も多様な政策協議の場が設けられることを期待したい。その際には市民間、市民団体間の協議、意見交換は不可欠であろう。

【注】

＊1　市民政調として取組みはじめた一九九七年当時では「移送サービス」という名称を使用していたが〝人が移動する〟ことから「移動サービス」という名称を使用するようになった。

＊2　「東京ハンディキャブ連絡会」http://www.tokyo-handicab.net/

＊3　「杉並区不燃ゴミ中継施設健康被害原因裁定申請事件」の裁定について　http://www.soumu.go.jp/kouchoi/substance/news/announce/houdou_suginami.html

＊4　「障害者欠格条項をなくす会」http://www.dpi-japan.org/friend/restrict/

第2部　市民がつくる政策調査会の活動を振り返って

市民政調二〇年おつかれさま

ひとり一人が社会の形成に参加する場所として

市民運動全国センター世話人　**須田　春海**

市民政調の設立時は共同代表として、現在でも顧問としてご参画していただいている須田春海さんが筋萎縮性側索硬化症（ＡＬＳ）と診断されたのは、民主党が政権を獲った二〇〇九年でした。本書の発刊に際してご家族にご協力いただき、文字盤を使用してコメントをお寄せいただきました。

「みなさん、二〇年おつかれさま。市民ひとりひとりが自分が生活する社会の形成に参加し、関わっていくきっかけを提供する場所として市民がつくる政策調査会がスタートし、今もその意義は変わらない。社会を市民のものにするための生活をこれからも一市民として続ける」

（「全体としては、というような趣旨と思われます」とご家族から）

〔文字盤では以下のようなコメントをいただきました。〕

「市民ひとりひとりが政治に関心を持つ社会」「市民政調はチェック機関」「満足しない」「市民社会の形」「市民がつくる社会」「市民が参加する」「ひとりひとりが生きる社会の実現」「市民が政策を議論する場が必要」「意見いう場所が必要」「政治、政策と市民がかけ離れてはいけない」「市民が政治に参加していくことで社会をつくる」「社会を市民のものにする」「みなさん、おつかれさん」「満足していない」「市民として続ける」

すだ・はるみ

東京都政調査会勤務を経て、市民運動全国センター世話人（一九八〇年～現在）。環境省・全国温暖化防止活動推進センター長、法政大学大学院客員教授、太陽光発電所ネットワーク代表などを歴任。現在は市民立法機構共同事務局長／環境自治体会議事務局長／東京自治研究センター顧問／気候ネットワーク副理事長などを兼務。編著に『政策提案型市民運動のすすめ』（社会新報ブックレット）、『市民自治体——社会発展の可能性』（生活社）、『環境自治体の創造』（学陽書房）、『市民立法入門』（ぎょうせい）、『須田春海採録①東京都政』『須田春海採録②市民自治体』『須田春海採録③環境自治体』（以上、生活社）など。

市民社会と政治社会をつなぐ

「市民政調」は論理における具体性を提起できたか

生活クラブ生協・神奈川名誉顧問　**横田　克巳**

――市民政調の発足までの経過や目的などについてお話しいただけますか

民主党結党時に菅直人議員が、綱領なき組織理念であった「市民が主役の民主党」と同義に「市民参加」というフレーズをよく使っていました。その中身を具体化しようとぼくが発案したのが市民政調でした。

ぼくたちは、一九七〇年代後半から八〇年代の高度経済成長期のただ中で、生活クラブ運動の中からローカル・パーティーをつくり、それが自治体に対してどういう役割を果たせるのか、「政治的中間組織」として何ができるかというようなことを考えてきました。しかし、折にふれ社会党が急速に活力を失ってきた九〇年代には、東西の冷戦構造や土地バブルの崩壊で、九二年に小選挙区制が導入され、皮肉にも非自民の細川政権が誕生し、政治構造も大きく変化しつつありました。そのなかで、社会運動とローカル・パーティーをつないだ連携が重要と、新党結成をめざし、横路孝弘さんや仙谷由人さん、鳩山由紀夫さんなど「リベラル・フォーラム」の国会議員と協力して「ローカルネットワーク・オブ・ジャパン（Ｊネット）」の結成などの取組みを進めていました。市民団体が政治にアクセスする頻度が高まったのは細川政権以降ではないかと思います。それからは、戦後日本の「政治社会」の伝統的流れに対して、「市民社会」から異議申し立てが際立つようになりました。

それぞれの人々＝市民（国民にあらず）にも社会の中にはさまざまな解決したい課題があります。それを解決しようという意識は、政治や官僚の側にも我々市民にもあります。個々人に内在する資源（いくばくかの金・知恵・労力・自由時間を駆使して自らの社会を「つくり・かえる」ためにいかに活用するかです。その「論理における具体性」を把握・実践できるかどうかという「生活者・市民」のたしなみだろうと思ってきたわけです。これの反対側にあるのは「役目」で聞いたり、言ったり、やったりしている官僚主義の傾向です。ある意味、大勢の心ある市民が政治社会に攻めのぼる仕組みをめざして市民政調をつくったわけです。

――二〇年の活動振り返ってみてどのような感想をお持ちですか

論理における具体性、例えば市民政調で言うと必要なテーマごとにプロジェクトを設置し、問題解決に向けた合力づくりをたすけるということは、社会的・政治的不都合の具体性を踏まえてのことです。一方で、今の官僚社会が増長し、あたかも問題解決をリードしているか人々に錯覚を与えているのであり、「ビッグデータ」使うという方法と、部分的にある事件や事故のモデル調査をして「これが現実です、実態です」と称して対策する方法です。彼らの論理の具体性は市民の創造性に依存するのではなく「請負」の優位性を担保しようとするわけです。その狭間に入っている政党なり議員が、例えば市民政調が生み出している「論理における具体性」を開示してそれをベースにして問題解決するという方法を体現しないと、官僚制や溶解しつつある政党政治と対峙できません。ですから、官僚の言い訳や、国・自治体や企業の政策提起に負けていくわ

よこた・かつみ
みどり生協（のちに生活クラブ生協・神奈川）初代理事長兼名誉顧問、元福祉クラブ特別顧問、現（社福）いきいき福祉会理事長、などを歴任。

けです。要するに、地域社会や市民の要求は容易に実現しない繰り返しです。この問題解決力の結果を求める契機や途筋づくりは市民政調の活動課題の中でも最大の戦略的課題であったと言っていいと思います。

政策的解決に向けて市民社会と政治社会を調整し、「つくり・かえる」力をサポートするというのが市民政調の役割でもあるわけです。そのために政策的な中間支援組織は多様に形成され連携する必要がありますが、カネも人も出そうという馬力の形成はうまくいかなかった。多くの人が課題を持っていて参加しようという契機はあっても、「市民資金」を出してという価値評価までにはなかなかならなかった。さらにはたくさんの課題をを担っている市民組織が生まれても、合力をつくるための「報告・連絡・相談」などの日常の目的性が弱く、「ネットワーク」、「連携」、「まちづくり」等々の概念を駆使していても内実が伴っていない。大勢の参加による問題解決力を高めるには、認識論、組織論、運動論リーダーシップの三つの形成が大事です。市民政策を考え、政治社会に向けそれを文化化・改革力あるものにするのはどうするのかということです。これは市民政調の役割の第一義的なものではありませんが、日本の市民社会改革を通して政治の形骸化を克服しようとする不可欠な契機です。

――最近、また現在の市民運動、社会運動についてはいかがでしょうか

多くの生協職員も官僚的体質を強めるようになっています。市民組織なり市民事業、個人がプラグマティックに官僚的になったりロボット化している状況に関心を持つことなく、どうこの時代の流れを克服すればよいかなどと考えている人も容易に見当たらない。しかし、誰もが自分の家庭や家族、地域や近隣社会で不都合な問題があったら解決しなければならないわけです。大勢が問題に気づき、解決のためにそれなりに能動的に自覚できるはずですが、それがうまくクロスしていないことだらけです。市民運動のリーダーたちはよくネットワークとか連携という言葉を期待しながら使いますが、「力を合わせる、力をもって問題解決する」という目的のためなんですね。だけど今、発生している課題の因

果関係を捉え、「質問的世界」を形成して近隣社会に合意獲得を高めようと努力しているようには思えない。

市民運動や社会運動の現場には以前はオルガナイザーがいてフリーランスで運動を広げる役割を担っていた。今現場を見ていてもそういう人材がいないだけでなく、社会運動側に目的的に対策がないか優先傾向が低い。それでどうやって問題解決力を広げるのかということです。日本型社会運動側の問題の本質はこれです、市民政策形成の組織の目標はこれです、身近な問題意識や市民の正義について種を蒔いて歩く、説明して歩く、あるいは教育・共育して歩く人がいなくて、どうやって組織力を強くできるのか。こういったことは、議員や政党・労組や協同組合の書記の人たちなども知っておくべきだと思います。

イギリスのブレア政権時代にスコットランドに行ったとき、「シビックフォーラム」という中間支援組織の方から話を聞いたら、四百数十万の人口で四万とか五万とかＮＰＯがあると。なぜそんなに増えたのかと聞いたら、「イギリス・ロンドンの政府は役に立たないので自分たちで問題解決しないといけないからだ」との回答だった。市民の自立、自己決定、自主管理という問題解決力ができているのだなと、参加型の市民社会をあらためて思い知らされました。日常生活上必要なことや助け合いや支え合わなければいけないことは、国にできることはなくて、当然自分たちで考えて自分たちの責任で取り組む。そういう主体的能動的市民性が発達してでき上がってきたのだなと当時思いました。

日本でも、阪神・淡路大震災が起き、東日本大震災・東電福島原発事故が起き、現地では大変な状況になったわけですが、その現地の市民意識というのは知的・道徳的・文化的にも前進し変わったのだと思います。生活者・市民の役割や自治体の役割、国が「地方分権の育成」をふまえて展開できるようになれば、もう少し民主主義の整理がすすみ国全体としても下から現場から変わっていくのだと思っています。

（二〇一六年一二月一九日　於：生活クラブ生協・神奈川　聞き手：小林幸治）

民主党「市民政策議員懇談会」の活動

「市民が主役」を具現化した民主党の試み

第七三代衆議院議長・衆議院議員　**横路　孝弘**

民主党結党後の一九九八年に市民政策議員懇談会が組織されました。当初から会長を務められてきた横路孝弘衆議院議員に、結党の経過も含めてお話をうかがいました。

――民主党結党に至る経過などご紹介いただけますか

一九六九年に衆議院議員として初当選して、一九八三年には北海道知事になって一九九五年三月までの三期をつとめて退任しました。その間、一九九四年に新進党が結成されて、自民党と二大保守が対峙するというのが当時の政治状況でした。この二大保守勢力に対する第三極を担うため、五島正規氏、仙谷由人氏、高見裕一氏、海江田万里氏、鳩山由紀夫氏と私の六人で、リベラル・フォーラムという政治集団をつくりました。一九九五年二月に高知で初めて集会を開き、その後六月から一九九六年一月まで北海道を皮切りに全国一五地域で集会を開きました。リベラル・フォーラムは地域における幅広い議論とネットワーク型の新しい政治スタイルの形成に力点を置いていたことから、それをきっかけにして「新しい風北海道会議」や「リベラル東京会議」、「四国市民ネットワーク」などといったローカル・パーティーが生まれました。

そのような取組みから、神奈川ネットワーク運動をはじめ生活クラブ運動グループの各地の市民ネットワークとつながり、ローカル・パーティーをネットワークしようということで、約三〇団体の参加のもとに一九九六年四月に「ローカル・ネットワーク・オブ・ジャパン（Jネット）」の結成全国集会を開催しました。そのようなリベラル・フォーラムやJネットの動きの中で、自民党、新進党に対する対抗軸の一つとして、市民活動団体との関わりを持ち、NPOやNGO、市民を中心とした軸が必要だということになった。当時の事務局は、北海道で活動していた松本収さんや秋元雅人さん、参議院議員の秘書をやられていた田中悦子さんなどに担っていただいたと記憶しています。

このような流れが民主党の結党（一九九六年）につながっていきました。ですから、「市民が主役」の民主党であったのです。

——民主党結党後には「市民政策議員懇談会」[*1]を組織されましたね

一九九七年に市民政調が設立され、一九九八年に市民政策議員懇談会を組織しました。初代の会長には僕が、原口一博衆議院議員が事務局長で活動を進めてきた。市民団体の党の窓口になり、さまざまな市民団体の意見をうかがい法制化する、法律を改正する、官僚と意見を交換する場をつくるというようなことをやってきました。障がい者・高齢者のバリアフリー問題に取組んだのが最初

よこみち・たかひろ

衆議院議員（十二期）。衆議院議長、衆議院副議長、北海道知事（三期）、などを歴任。

で、交通バリアフリー法を法制化しました。それからシックハウスの問題やフリースクールの問題、ＮＰＯ寄付税制、児童虐待防止法、政治参加のバリアフリー、障害者欠格条項、盲導犬の問題、難民等々、さまざまな問題に取組んできました。

自民党、新進党への対抗軸ということで民主党を結党したわけですから、その具体的な動きとして市民活動団体とつながって政策を進めてきたという意味でも、市民政策議員懇談会は大きな役割を担っていました。市民政調は市民団体とのつなぎ役で一緒に歩み、活動してきました。

しかし、二〇〇九年の政権交代で、それまで活動していた議員が政府側に入り人材がいなくなってしまったことや、実際に政権を担当して政策を遂行すると、今までつながりのあった市民団体と政策内容が必ずしも一致するわけではなく、その活動も低迷してしまいました。大変残念なことです。

政党というのは労働組合とか企業や団体との付き合いがあり、そこで政策的な要求をというのは自民党・社会党時代の仕組みでした。民主党も労働組合などとも付き合いがあったわけですが、さまざまな市民団体とつながって政策を取り入れ進めたこと、市民団体との個人的なつながりではなく、組織的にそれを進めたところに市民政策議員懇談会の大きな意義があります。残念ながら現在の民進党には、その組織的な動きも「市民」という言葉もなくなってしまっていますが、その取組みを経験した議員も残っているので、今後の活動に期待したいと思っています。

（二〇一七年二月八日　於：衆議院第二議員会館　聞き手：小林幸治）

【注】

＊1　民主党・市民政策議員懇談会

一九九八年、民主党議員と市民活動団体との「政策コミュニケーション（協議）の場」として発足。発足時の主な役員は、会長：横路孝弘（衆）、事務局長：原口一博（衆）。

市民活動団体側の窓口である市民がつくる政策調査会（市民政調）との協力のもとに、約一〇年間で七〇回を超える会合を開催。二〇〇九年の政権交代以降活動を休止し、二〇一二年に議員連盟として活動を再開。現在の主な役員は、会長：原口一博（衆）、事務局長：泉健太（衆）。

交通バリアフリー法制定、動物愛護法改正、児童虐待防止法制定、公職選挙法改正（政治参加のバリアフリー）、欠格条項の見直し、シックハウス対策法制定、ハートビル法改正、文化芸術振興基本法制定、身体障害者補助犬法制定、難民保護法案策定、などの党内での市民団体との窓口を担い、制度化に向けた大きな原動力となる。

政策・制度づくりへの市民団体の参加

「公文書管理法」「政府代表団へのＮＧＯの参加」の取組みから

衆議院議員　**西村　智奈美**

「公文書管理法」では民主党の窓口になり、外務大臣政務官当時には政府代表団へのＮＧＯの参加を実現し、市民政調の理事も長く勤めていただきました西村智奈美議員にお話をうかがいました。

――「公文書管理法」制定の取組みについて当時を振り返りながらお話しいただけますか

当時は、福田康夫元総理が非常に熱心で法律制定の気運がすごく高かったと思います。ただ、せっかくつくるのであれば、せめてこのくらいのレベルにはと思う内容には、政府提出法案はなっていませんでした。「公文書管理の在り方等に関する有識者会議」の報告書からもずいぶん後退していたと思います。特に「国民の知る権利」について明記されていなかったことは私たちにとって大きな不満でした。

そのようなときに、市民政調も関わっていた「市民公文書ネット」から提言書や改善すべき部分などを具体的に示していただき、それをもとに法案の修正協議や委員会での質問などに活用させていただいた。非常にいい連携、パートナーシップが取れたのだと思います。

当時の民主党では、枝野幸男議員が座長で、私が事務局長のワーキング・チーム（ＷＴ）を設置して対応していました。私は党内でのまとめを中心に、他党とのすり合わせはWT副座長の逢坂誠二議員が、大事な場面では枝野さんが判断をしてくれました。委員会の対応は理事の大畠章宏議員が進めてくれて、役割分担ができて進めることができました。この世界では一人では仕事できませんから、やはりチームプレー、チームワークが必要です。自民党の窓口だった与党の議員、特に上川陽子議員も本当にがんばってくれました。新法であり政府提出法案であったものを、法案を修正して国会での確認答弁までとって、全会一致で成立したのですから、私の経験の中でもうまく進められたもののひとつとなりました。それは与野党関係なくそれぞれの議員が個人として、この法律は必要だしより良いものにすべきだと強く感じていた結果だと思います。

それに、公文書、行政文書というのは市民の財産ですから、その法律は市民との協働でつくる。それをまさに体現できたのだと思います。ただ、このテーマは華々しさがなく、どちらかと言えば地味なテーマで、あまり市民の関心が集まるテーマではないのだとは思います。けれども、今になってみれば南スーダンの国連平和維持活動（ＰＫＯ）に参加している陸上自衛隊の派遣部隊が作成した日報が存在しないとか存在していたとかといった問題が出ているわけで、この公文書管理法が国民の知る権利や国会の議論のベースに必要不可欠なものになっていると思います。

にしむら・ちなみ
衆議院議員（四期）。厚生労働副大臣、外務大臣政務官、新潟県議会議員、などを歴任。

本来、公文書、行政文書の問題はみんなが共有すべき課題ですが、市民団体も自分たちの抱えている課題に対して必要な情報は得たいけれども、その必要な情報に関わるルールづくりというところではなかなか手をつなぎにくい。そういうことからも市民公文書管理ネットのつながり、取組みは大変意味のあることだと思います。

公文書管理法も改正の時期、見直しの話しも出ており、新たな公文書館の設置の問題もあります。行政文書が作成、管理、保存されて公開されていくというプロセスの中に積み残しの制度的な課題はあると思いますので、また一緒に取り組めたらいいと思っています。

――外務大臣政務官当時に実現した政府代表団へのＮＧＯの参加についてお話しいただけますか

当時私は岡田克也外務大臣からはＮＧＯとの連携を進めてほしいと言われて、国際協力ＮＧＯとの協議や、情報公開などを進めました。そのような中で、外国では政府代表団へのＮＧＯの参加は当たり前のようにやっていて、ＮＧＯ関係者も一緒に会議の合間に何が話し合われて何が決まったとかというブリーフィングをやり、何か課題があれば意見を出してもらう。そういったことを私もいろいろな国際会議で見ていました。ですから、二〇〇九年一二月に開催された「気候変動枠組条約第一五回締約国会議（ＣＯＰ15）」の前だったと思いますが、市民政調や気候ネットワークの関係者から日本政府代表団にＮＧＯのメンバーをと提案があったときも当然だろうと思いました。それで外務省に戻って担当官に話しをしたらまあまあ「うん」と言いました。

外務省はある意味ドラスティックな変化に耐えうる組織だと思います。例えばアメリカの大統領が変われば政策が一八〇度変わることもあります。それは当然日本でも政権が交代したのだから政策が変わって当たり前です。外交機密も民主党政権になって出てきました。ですから、民主党政権になったのだからＮＧＯとの連携、「それはそうですね」といったような感じで頭を切り替えたんではないでしょうか。その延長で政府代表団へのＮＧＯの参加も実現したのだと思います。

――市民政調との関わりや経験からご感想なりご意見をいただけますか

私が市民政調に関わるきっかけは、民主党大会で党本部職員の坂上隆司さんから「市民政調に入ってください」と言われて入会したことでした。その活動は、民主党が力をつけていく段階で一緒に伴奏してくれたシンク・ドゥ・タンクだったのだと思います。市民団体との窓口の一つとしての組織として存在だけではなくて、フットワークが軽く、専門的な知見とか政治的な動きも理解しているということも含めて、民主党にとっては非常に貴重な存在だったと思います。

ここで一区切りというのはとても惜しいと思いますけれども、これからの時代にふさわしい政党の伴走者のあり方を探求して、それを形にしてまた一緒に歩いて行けたらなと思います。

（二〇一七年二月二二日　於：衆議院第二議員会館　聞き手：小林幸治）

「土曜協議会」から円卓会議へ

デモクラシーの創造と発展の場を継承できたか

元村山富市首相秘書官　河野 道夫

市民政調の3本柱の一つが「市民政策円卓会議」です。その前身は「市民と政府の土曜協議会」でした。それを担ってこられた河野道夫さんに、当時のお話などをうかがいました。

――どのような経緯で「市民と政府の土曜協議会」を始められたのでしょうか

一九六〇年代後半に、社会党の支援団体だった日本労働組合総評議会（総評）の労働運動が国民的批判を受けました。労働運動は自分たちの賃上げのことばかり、春闘の時期は元気がいいが、それだけでいいのですかという声が市民・消費者から上がり、マスコミもそれを書き立てました。当時の総評執行部が「国民春闘」というスローガンを打ち立て、国民春闘路線を支える政策闘争とはどうあるべきかということを集中的に討議して、その結論として「生活闘争路線」を打ち出されました。それは、国の政策や制度の改革を目標とし、そのために労働組合は、市民や社会党といっしょに努力する、というものでした。「はじめに政策・制度ありき」ではなく、個別具体的な生活ニーズから出発して、政策制度上の改革のポイントにたどり着くという手法です。

――それはどのような意義があったのでしょうか

国政レベルの政党は、市民生活の具体的ニーズに通じていません。それは自治体議員の役割・仕事だと思っている。それは当時の社会党も同じでした。しかしこれからは労組も政党も市民と一緒に個別具体的な生活課題に関わる運動を起こすことが必要で、それが政治的なリアリズムだと捉えていました。

土曜協議会の意義は、市民団体と政府当局、国会議員による「問題解決のカギ」を探索する合同研究会である思っています。その成果は、市民団体と国会議員によるその後の共同作業、具体的には国会質問などに生かされる。また、霞が関の官僚にとっては国会質問の次のテーマを先取りできます。それぞれにメリットがあり意義のあるものだと思います。

一九八三年から一九九四年まで約一二年間で百回ほど開催しました。その主催はそれぞれの回の中心的な市民グループと社会党がタイアップするかたちでの開催でした。〝寄せ場〟労働者の生活問題では東京や大阪、福岡などから当事者が参加し、原発をテーマにした会合では政府当局、行政の担当者が参加を拒みコーディネート役の国会議員から要請していただいたことなどを記憶しています。

――『市民政策円卓会議』はその活動を継承したでしょうか

土曜協議会は一九九四年で休止しましたが、その後「市民政調」がその取組みにチャレンジするということでバトンを渡しました。民主党にはこのような活動を自分たちが担うのだという意識はなかったのかもし

こうの・みちお

一九六八年から定年退職の二〇〇二年まで、主として社会党本部政策審議会で立法政策活動。この間、村山総理補佐官、政策審議会事務局長、「今週の憲法」編集長。退職後、国際法で英国留学、〇八年、法学博士。帰国後、沖縄に移住。

れません。だから「市民政調」に担ってもらったということも言えるのかもしれないし、その開催には相当苦労したのだろうと想像します。それと、円卓会議のテーマを見ると以前よりも課題が緻密になっているように思います。

土曜協議会なり円卓会議は、デモクラシーを創造し発展させる試みだと思います。デモクラシーが傷つくことが損であって、デモクラシーを前進させることは、みんなの利益であり、喜びなのだという感覚がどんどん廃れているように思います。そういう意味でも、円卓会議は二〇年もよく続いてきたものだと思います。

――これからどのような取組みが必要だと思いますか

市民政調に引き継ぐ時に自覚が足りなかったのだと思いますが、当時は市民運動と国政とを結びつけることを重視し、地方自治という観念はまったくありませんでした。私はいま沖縄に住んでいますが、中央対地方の関係がよく見えてきます。翁長知事が誕生して、なおさらよく見えるようになりました。一九九九年の地方自治法改正は、大袈裟に言えば革命的な改革であったにもかかわらず、その意義を認識している政党や国会議員がどれだけいるのかという思いがあります。ですから、土曜協議会なり円卓会議という取組みはもっと地方レベルで応用すべきだと思います。そうしないと日本デモクラシーは形骸化する一方なのではないかという思いもあります。政党が、国・地方いずれの場でも、個別具体的な生活ニーズから政策・制度改革を構想する〝協働のひろば〟を設定しないと、政治と政党への不信感を減らせないと思います。

――土曜協議会のお話をうかがって坪郷先生からコメントをいただけますか

ヨーロッパの政治を振り返っても、日本社会党が市民団体と接点を作ったのは早い時期で、政党と市民社会の接点を作ろうとした先行モデルだと思います。ドイツの場合、新しい社会運動の結集体として生まれた緑の党（一九八〇年年設立）を別にすれば、政党の党員数が一〇〇万人規模（一九七〇年代）と多く、労働組合の影響力が強く、さらに政党系シンクタンクがあるので、社会民主党がNPO・NGOと本気で接点をもつのは、九〇年代から二〇〇〇年代です。党員が半減するなどして党内外の組織との接点が重要になりました。

（二〇一六年九月二四日　於：新宿　コメント：坪郷實　聞き手：小林幸治）

参考　河野道夫、「文明による暴力への対抗　共同体験のその後」『須田春海採録②市民自治体』（二〇一〇年、生活社）

資料1

市民と政府の直接協議―一〇年間の試み――総括メモ（抜粋）――

この直接協議の意義は、NGO・政府当局・国会議員による「問題解決のカギ」を探索する合同研究会―ということができる。研究の成果は、NGOと国会議員によるその後の共同作業に生かされる。さらに、事務局中枢を政党機関が担うため、研究の成果は議員の質問・提案をおよび政党の立法政策活動に反映される。政府当局にとっても、生活現場の状況や議員・政党の政策活動を把握できる。

㈡市民側ニーズから考える
①NGOは、特定課題に関する限り生活実態に即し実情（生活ニーズ）を把握しているが、「問題解決のカギ」発見には国会議員・政党の政策努力が必要。
②「カギ」発見に必要な情報は、通常、政府と国会の関係機関に集中しているが、それを入手するには、国会議員・政党の協力が必要なケースが多い。
③「国民主権」を「生活者主権」と解するなら、デモクラシーにおける統治は、本来、市民・政治家・行政当局の協働を基本とすべき。
④「国民主権」を「住民主権」と解するなら、九九年改正地方自治法に基づく自治体の自主性・自立性を高めるための手段として、応用すべきである。

㈢なぜ持続困難だったか
①政党におけるNGOの価値：票にも金にもならない存在
②政党人としての錯覚：「中央集権における国政の中心」意識
③議員政党としての限界：議員との上下関係

市民がつくる政策調査会の歩み

市民政治と政党政治をつなぐ

早稲田大学社会科学総合学術院教授　坪郷　實

一　市民政調の目的と活動スタイル

市民がつくる政策調査会（略称：市民政調）が一九九七年に設立されたとき、目的については次のような議論が行われている。政党には政務調査会や政策調査会という政党の「政策をまとめる」部門があるのだから、市民の「政策調査会」があってもいい。ここから「市民がつくる政策調査会」と命名された。つまり「『政策をつくる』という作業を、いつまでも官僚や政党の『特権』にしているわけにはいきません。もはや市民自身が『政策をつくる』時なのだ」（市民政調ウェブサイト「本会について」http://www.c-poli.org/about を参照）という問題意識がある。さらに、市民政調が任意団体からＮＰＯ法人になるときに作った設立趣意書（二〇〇一年二月七日）に次のように書かれている。市民政調の主要な活動は、「市民が市民生活や市民活動から生まれてくる諸問題を整理し、その課題の有効な解決策を模索して政策立案することを支援します。そのために市民政策テーマごとに各種プロジェクトチームを設置し調査・研究活動を行い市民政策形成に寄与」することにある。

このように市民政調の目的は、地域の市民活動から生まれる「政策の種」を基にして、市民たちが独自に政策を作るために調査研究プロジェクトを行い、課題を解決する具体的な政策提案を行うことを支援することと、同時に中期的な社会像を描くことを支援することである。つまり具体的な政策提案を通じて、「市民活動と政治（国会・政府・政党）」とをつなぐことである。

その活動の基礎になるのは、調査研究プロジェクトである「市民政策提案プロジェクト」である。交通バリアフリー法、公職選挙法の廃止提案、請願制度改革の提案などの、いくつかのプロジェクトの事例は本書に掲載されている。こうしたプロジェクトは、市民政調単独のものではなく、多様な政策分野のＮＰＯや消費生活協同組合や研究所・研究センター、国会議員や自治体議員、研究者や専門家などとの協力の下で設置されている。その意味で、市民政調は活動を通じて、ＮＰＯ・市民活動団体のネットワーク、協同組合・市民活動団体・労働組合などのネットワーク、国会議員のネットワーク、自治体議員のネットワークを作ってきた。市民政調の活動と運営にとってこうしたネットワークは不可欠なものである。このようなネットワークに支えられて、市民政調は、地域における市民活動がより活発になるように、「市民社会を強くする」ための活動を行ってきたのである。

以下、政策形成・決定への市民参加、政策づくりのツールとしての機関誌と「市民自治講座」、社会運動の

つぼごう・みのる
早稲田大学社会科学総合学術院教授。ＮＰＯ法人市民がつくる政策調査会代表理事など。著書に、『ドイツの市民自治体―市民社会を強くする方法』（生活社、二〇〇七年）、『環境政策の政治学』（早稲田大学出版部、二〇〇九年）、『脱原発とエネルギー政策の転換―ドイツを事例にして』（明石書店、二〇一三年）など。

事務局としての活動、市民政調で提案した「市民政策シンクタンク・コンソーシアム構想」など若干の活動を紹介しながら、いくつかの重要な論点について述べたい。

二　政策形成・政策決定への市民参加

「市民政策提案プロジェクト」によって多くの具体的な政策提案を行ってきたが、他方で、市民政調は、政権交代のあるデモクラシーに関連して、政権と市民社会との関係の問題、「政策形成・決定における市民参加」について問題提起を行っている。特に村山連立政権と、民主党主導政権に焦点を当てて、それぞれの経験と問題点を整理し、新たな政権交代に備えるための論点整理を行っている。前者については、市民政調編『検証　連立政権―転形期の政策決定システム』（生活社、二〇〇七年）の中で、細川連立、村山連立、橋本連立政権（第一次）で政策調整実務にかかわった浜谷惇氏は、「連立政権で見えてきた課題として『現実的政策』と『事前審査制度』の限界を指摘したがこれらは『政党活動における公正な競争条件の整備』に収れんされる課題である」と述べている。

後者では、「政策形成・決定における市民・NGOの関与に関する調査研究プロジェクトチーム」を設置し、二〇〇九年までの自公連立政権期と比較しながら、民主党主導政権（二〇〇九～二〇一二年まで）における「障がい者政策」、「情報公開・公文書管理政策」、「気候変動・エネルギー政策」、「NPO・『新しい公共』政策」の四つの分野における政府の政策形成への参加状況と課題を分析している。当事者参加による会議運営と徹底した情報公開が行われた障がい者政策の事例、COPへの政府代表団にNGOが参加した気候変動分野の事例、NPO・生協からの構成員が過半数を占めた「新しい公共」推進会議の事例、「政府の運営のあり方の変革」を課題とした情報公開・公文書管理政策の事例、さらに政策形成・決定の透明化の課題などが指摘されている（政策形成検証研究会報告書『政策形成・決定へのNGO・NPOの関与』二〇一四年／坪郷實「政治過程の変容とNPOの政策提言活動」宮本太郎・山口二郎編『リアル・デモクラシー―ポスト「日本型利益政治」の構想』岩波書店、二〇一六年、一五一―一八八頁を参照）。

三　政策づくりのツールとしての機関誌、市民自治講座

市民政調は、政策づくりの情報ツールになるように機関誌を発刊し、政策づくりの議論の場となる「市民自治講座」を開講している。

機関誌として、これまで『市民政策』（一〜一〇号）、リニューアル版『市民政策』（一一号二〇〇〇年六月〜六九号二〇一一年まで）を発行し、二〇一五年からは「認定NPOまちぽっと」と共同で、『季刊アドボカシー』（第一号二〇一五年七月〜第七号二〇一七年三月）を発行している。リニューアル版『市民政策』は、国会で成立した法律を取り上げて、政府・国会の動きや法案作成にかかわった国会議員へのインタビュー、法律の背景・概要・課題（限界）、関連した自治体レベルでの動きで構成されている。たとえば、六六号二〇一〇年の「特集　公共サービス基本法」では、「総務大臣インタビュー」、「公共サービス基本法の背景と今後の取組み」、「公共サービス基本法の限界と改正の方向性」、「自治体の公契約条例の制定に向けて」という構成である。こうした構成により、国会でできた法律を自治体レベルで使いこなすための重要な論点や方向性を提起し、自治体レベルにおける自治体や市民や議員による関連した条例の制定の動きを紹介し、政策づくりのツールを提供することを目標にしている。さらに、地域公共交通活性化法（五九号二〇〇八年）、自殺対策基

本法（六〇号二〇〇八年）、生物多様性基本法（六三号二〇〇九年）、公文書管理法（六四号二〇〇九年）、子ども手当法（六八号二〇一〇年）などを取り上げている。このようなリニューアル『市民政策』の内容構成は、現在の『季刊アドボカシー』にも活かされている。

さらに、政策情報のメール発信として、『市民政調　国政・立法レポート』（一号「ホームレス自立支援法」二〇一二年一一月〜八三号「消費税と低所得者対策」二〇一五年一二月まで。月三回から二回のメールニュース）の配信を行った。さらに、二〇一三年三月から社会保障政策に焦点を当てて、『社会保障制度改革情報』を配信している。こうした機関紙・季刊誌、政策情報の発信は、次に述べる「市民自治講座」開講・企画のための良き基盤になっている。

また、二〇一四年二月から、政治と社会の動きを「さまざまな視点から学び、考え、語り合う」場として、市民セクター政策機構と市民政調の主催で「市民自治講座」を開講した。この第一期の講演録は、自治総研ブックス⑫『市民自治講座　前編』（公人社、二〇一四年）、⑬『市民自治講座　後編』（公人社、二〇一六年）として発刊された。さらに、二〇一五年度（六回）、二〇一六年度（四回）は、地方自治総合研究所、東京自治研センター、東京・生活者ネットワーク、市民セクター政策機構、市民政調で「市民自治講座」委員会を結成し、一二の協力団体とともに、「地域でつくる社会保障・福祉のかたち―サービス給付とその担い手づくり」（二〇一六年一月）、「市民が自治体をつくる―首長（行政）と議会と市民の関係」（二〇一六年四月）、「討議デモクラシーのかたち―参加型市民政治に向けて」（二〇一七年一月）などをテーマにして継続的に共同開催している。少人数の会もあるが、市民と自治体議員、研究者・自治体職員の間での政策づくりの交流の場になっている。この講座は、市民自らのシティズンシップ教育（市民性教育）の場でもある。

四　社会運動の事務局としての活動

次に、これまで市民政調に事務局を置いて、多くのＮＰＯ・関係団体と協力して社会運動を展開した事例についてみよう。例えば、「社会をつくり直す人々二〇〇七―一〇万人の提案運動」の活動は、「社会の矛盾を掘り起こし、その解決策を市民自らが提起しようというものである。〈社会をつくり直す人々・私の提案〉として、『問題・矛盾』と、それを解決するために『自分でできること』、『国、自治体がすべきこと』、『企業がすべきこと』、『市民団体がすべきこと』を記入し、送付していただき、それを政策化しようという試み」が出発点になっている。約半年間で六〇ほどの提案があり、そのいくつかはプロジェクトが設置されている。そして、二〇〇七年参議院議員選挙後の「ねじれ国会」により政権交代が現実味を帯び、衆議院議員選挙が近づきつつあったので、「市民による発信を」ということで、二〇〇九年の政権交代前夜に、先の運動の成果の一つとして、石毛鍈子・須田春海・坪郷實編『市民が描く社会像　政策リスト三七』生活社、二〇〇九年）が発刊された。本書では、「政治に市民が責任を負う提案」、「市民福祉実現の提案」、「社会が豊かになる提案」、「地球とともに生活するための提案」など、多くのＮＰＯや市民団体のメンバーにより三七の提案がなされた（同書「おわりに　小林幸治」を参照）。この一部は実現している。

さらに、第二弾として、二〇一一年三・一一を契機にして、市民政調と市民セクター政策機構などで「新しい社会づくり」推進委員会を結成し、「新しい社会づくり」を提案する市民フォーラムを二〇一二年に連続で開催している。

三・一一は、日本政治の転換点である。「『脱原発社会』を創造するために多くの市民が集い、考え、行動するため『脱原発フォーラム』」の開催に向けて、市民政調は市民セクター政策機構などと共に、「脱原発フォーラム実行委員会」に参加し、連絡事務局を担った。このフォーラムは、ＮＰＯ・ＮＧＯ等の市民団体、生活クラブ生協など協同組合、地域政党らが議論し、行動する「共通の場」を提供した点で画期的なものである。実行委員会は、生協、環境ＮＧＯ、ＮＰＯ、市民団体、地域政党など一七団体で構成され、賛同協力団体は一〇〇団体に及び、二〇一四年四月一三日の脱原発フォーラムには八四〇名が参加した。

五　市民政治と政党政治をつなぐ

以上、市民政調の若干の活動を紹介してきた。市民政調は、市民活動と政治をつなぐ活動を展開してきたが、研究プロジェクトにより、緊急の政策課題への提案と共に、中長期の視点から新たな社会像を構想するための場を作る運動も展開している。全体として、「市民と政治（政府・国会・政党）をつなぐ」、「市民間、市民活動団体・協同組合・労働組合間をつなぐ」、「国政レベルの政治と自治体レベルの政治をつなぐ」活動を目指してきた。この活動の中で、「ＮＰＯ・協同組合・市民活動団体・労働組合・研究所・研究者間のネットワーク」や「国会議員・自治体議員のネットワーク」を一定程度は構築している。資金とスタッフが少ないという制約がある中で、市民社会を強くするための活動の一翼を担ったと思う。しかし、市民政調の活動の中間総括は、市民政調にかかわられた市民の方々の今後の活動によって出されるであろう。

市民社会を強くするためには、まだ多くの課題があり、市民政調が行ってきた活動の先はまだまだ長いものと思われる。そのため、さらなる展開を目指して、市民政調は、「市民セクター政策機構」や「まちぽっと」をはじめとする連携市民活動団体・協同組合と議論をしながら、二〇一三年に「市民政策シンクタンク・

コンソーシアム構想」の提案を行った。

政策提言型ＮＰＯの一層の展開のためには、「政策、人、資金」という三つの課題があることから出発して次の提案を行っている。つまり、中核になる政策提言型ＮＰＯを起点にした「複数の政策提言型ＮＰＯの連合体（コンソーシアム）」の結成を行い、「政策アイデア、人、資金の集積」を行う方式である。資金の確保には、寄付者とこのコンソーシアムをつなぐ「仲介型助成型市民基金（財団）」の活動が重要である。また政党との関係では、基本的に独立した活動を行い、多様な価値観を共有する立場に立ち、政党とこのコンソーシアムとの間で、政策課題ごとに政策フォーラムをつくり、恒常的な議論を行うことが課題になる。

政策提言型ＮＰＯの今後の議論を行う際に、市民政調が作ってきた「ＮＰＯ・協同組合・市民活動団体・労働組合・研究所・研究者間のネットワーク」や「国会議員・自治体議員のネットワーク」の構築・維持が不可欠である。地域の市民たちは、独自の調査活動を通じて政策の種を作り、市民活動を通じて共通課題を政策化し、問題解決に向けて自治体や国の政府に政策提案を行っている。政策提言型ＮＰＯは、こうした市民政治をより活発にする支援の仕組みの一つである。日本において、政権交代のあるデモクラシーを再生させるためには、こうした市民政治がインパクトとなって、「一強多弱」と言われる現在の政党政治に新しい方向性を与えることが不可欠であろう。「市民政策シンクタンク構想」は、市民政治と政党政治をつなぐことを目指すものである。

市民政調の二〇年と日本政治

将来を見据えた「新しい革袋」づくりの契機に

一橋大学社会学研究科教授　**中北　浩爾**

私が市民政調の活動に関係したのは、ただの一度きり、それもつい最近「市民自治講座」で報告しただけである。活動を子細に知っているわけではない。したがって、私に求められているのは、現代日本政治を研究している立場から、やや突き放して市民政調について論じることであろう。事情をよく知る当事者からすれば、異論もあるかもしれないが、予めお断りしておきたい。失礼の段、ご容赦を願うばかりである。

本文に詳しいが、一九九七年の市民政調の設立には、前年の旧民主党の結成が大きく関わっていた。自民党および新進党に対抗する第三極として誕生した旧民主党は、「市民の党」を標榜し、ネットワーク運動との連携を図るなど、市民主義（故松下圭一教授がいう市民理論）を指導的な理念に据え、それを具現化するものとして市民政調が設立された。旧民主党から市民団体とのパイプ役を期待されたということである。

ところが、一九九八年、旧民主党は民政党や新党友愛などと合流して、新民主党を結成する。旧新進党から分かれた諸政党を吸収することで、二大政党の一角を占めたのだが、それは民主党の変質を意味した。市民主義の理念が希薄化し、政権交代が最大の目標に置かれたからである。ネットワーク型の党組織が放棄され、衆議院の小選挙区ごとの総支部が地方組織の基本単位とされたのは、その端的な表れであった。もっとも、民主党と市民政調との連携は、その後も続けられた。交通バリアフリー法やシックハウス対策法など具体的な取組みの成果は、本文中に書かれている通りである。しかしながら、二〇〇九年の政権交代に至るプロセスで、民主党が最も頼りにした政策提言団体は、市民政調ではなく二一世紀臨調（新しい日本をつくる国民会議）であった。このことは二〇〇九年の自民党から民主党への政権交代を考える上で極めて示唆的である。

民間政治臨調（政治改革推進協議会）を前身とする二一世紀臨調は、一九九九年に発足した政治団体を推進する民間団体であり、事務局を担ったのは、財界と連合系の労働組合によって構成される日本生産性本部である。こうした背景ゆえに、二一世紀臨調は「超党派」性を前提として、一九九四年の政治改革が目指した「政権交代ある民主主義」を実現しようとした。マニフェスト選挙の導入は、その最大の成果であった。

政権交代の実現を目指す民主党は、率先してマニフェストを作成するなど、二一世紀臨調と事実上タッグを組む。このようにして、二〇〇九年に政権交代が実現する。小沢一郎幹事長率いる民主党は政権交代後、内

なかきた　こうじ

一九六八年、三重県生まれ。東京大学大学院法学政治学研究科博士課程中途退学。立教大学法学部教授などを経て、現在、一橋大学大学院社会学研究科教授（政治学）。専門は日本政治外交史、現代日本政治論。著書に『経済復興と戦後政治―日本社会党一九四五－一九五一年』（東京大学出版会、一九九八年五月）、『日本労働政治の国際関係史　一九四五－一九六四―社会民主主義という選択肢』（岩波オンデマンドブックス、二〇一六年一一月）、『自民党政治の変容』（NHKブックス No・一二一七、二〇一四年五月）、『現代日本の政党デモクラシー』（岩波新書、二〇一二年一二月）、『一九五五年体制の成立』（東京大学出版会、二〇〇二年一二月）など多数。

閣への政策決定の一元化という意味での政治主導などを背景に、市民政調との関係を最終的に打ち切る。市民政調は運営資金にも事欠くようになったという。これが「市民の党」として生まれた民主党の行き着いた先であった。

しかし、それだけでは民主党政権に厳しすぎる。鳩山由紀夫政権がＮＰＯをはじめとする市民活動の一層の拡大を目指す「新しい公共」の取組みを行ったことは、注目に値する。首相の直属機関として「新しい公共」円卓会議が設けられ、寄付税制の拡充が図られた。だが、これは市民政調抜きで鳩山首相と松井孝治官房副長官のラインによって唐突に始められたものであった。市民政調も政権交代への準備を欠いていたようである。

二〇一二年に政権から転落した後の民主党は、政権交代至上主義がたたって、再建を果たせないまま、悶え苦しんだ。自民党などと比べて支持基盤が決定的に弱いことが一因である。しかし、市民との絆をつなぎ直そうという動きは、極めて弱い。民主党は二〇一六年、維新の党の一部と合流して民進党を結成した。だが、そのキャッチフレーズは「市民」ではなく「国民とともに進む。」である。

野党共闘を唱える市民連合（安保法制の廃止と立憲主義の回復を求める市民連合）とのつながりがあるではないか、という疑問の声が発せられるかもしれない。しかしながら、市民連合は基本的に安倍政権の政策に反対する組織であって、市民からの自治的な要求を基礎とする政策提言団体とはいえない。それと民進党との関係も、恒常的あるいは制度的なものではない。

民主党の市民離れの原因には、二大政党化を促す衆議院の小選挙区制以外にも、いくつか存在する。まず、すでに旧民主党の段階から、国政政党としてネットワーク型組織を作り上げる難しさが露呈していた。民主党神奈川のあり方をめぐる神奈川ネットワーク運動との摩擦は、その例であるが、鳩山由紀夫・菅直人の二人代表制も、早々に放棄された。新民主党が導入したサポーター制度も、期待されたほどの成果を挙げなかった。

それに加えて重要なのは、市民団体のリソース不足である。政党に不可欠なのは、票とカネである。政党にとって政策が無意味だというわけではない。多くの議員は志を持ち、野党であれば与党を批判し、自らの存立根拠を示す材料としても、政策は有用である。だが、「猿は木から落ちても猿だが、議員は選挙で落ちればただの人」（大野伴睦）である。政党の存立を支える票とカネは、決定的に重要である。

自民党にとっての業界団体、公明党にとっての創価学会、民進党にとっての労働組合などは、票とカネを兼ね備えた組織である。さらに、選挙運動に必要なマンパワーという意味でも、巨大なリソースを持っている。確かに、多様な市民団体に支えられたネットワーク運動などの地域政党は、一定の存在感を示している。しかし、そのリソースは相対的に乏しく、近年は伸び悩みも目立っている。現在、民進党が既存の市民団体や地域政党に全面的に依拠して再建を果たすという道筋は描きがたい。

ただし、市民団体のリソース不足は、最近に始まった現象ではない。結局のところ、それを補ってきたのは、世論を喚起する力であった。市民団体そのものの組織力に加え、必ずしも組織化されていない人々（＝市民）の「声なき声」を汲み取り、それを政策として表出する役割を担ってきたことが、力の源泉であった。そうした機能、とりわけ発信力が弱まっているのではあるまいか。

さらにいえば、現在、半世紀ほど前に再発見され、新たに定義され直された市民という概念が一般化する一方で、曖昧になり、魅力を失ってきたように思われる。そのことは、排外主義的な在特会（在日特権を許さない市民の会）ですら市民を名乗っていることに示される。また、格差の拡大や子どもや高齢者の貧困など、市民という概念では捉えにくい問題も、深刻化している。「全日制市民」たる主婦も減少しつつある。

市民という概念の曖昧化は、成功の代償でもある。原子力発電をはじめ重大な環境問題が存在することは確かだが、それでも大気汚染や水質汚濁など身の回りの公害問題の解決が進んできた。中央・地方政府の情報公開などが進展するとともに、企業の社会的責任が説かれるようになり、ビジネスの手法を活用しながら社会変革を目指す社会的起業家も登場している。総じて、政府―企業―市民セクターの間の対抗関係が不明瞭になってきている。

こうしたなかで、市民政調が幕を閉じる。突き放してみれば、歴史的役割を終えたといえるかもしれない。しかし、どうだろうか。人々の間のつながりが弱まり、市民という概念に含まれてきた草の根の参加が減退してきている。業界団体も、宗教団体も、労働組合も、いずれも加入者数の減少に直面している。町内会や個人後援会も、然りである。そして市民団体も、そうした傾向から免れていない。

政治をみても、世界各国で政党と有権者の間のパイプが細っている。その結果が、ポピュリズムと呼ばれる現象の蔓延である。砂のようになった人々をマスメディアやインターネットを通じて反エリート感情をくすぐることで動員するのである。それは、ある種の組織を通じた参加の減退の帰結である。小泉純一郎、橋下徹、小池百合子といった政治家にみられるように、現れ方や深刻度の差こそあれ、決して日本も無縁ではない。

そもそも市民という概念が登場したのは、自民党的な業界団体や町内会ではなく、社会党的な労働組合でもない、それらの外部にある人々を結び付け、政治的にエンパワーメントするためであった。そうであれば、市民政調が解散するとしても、それが担おうとしてきた役割が意味を失ったわけではない。むしろ、逆ではないか。市民政調の幕引きが、「新しい革袋」が生まれる契機になることを切に願う。

市民政調二〇年の意義と残された課題

市民の連帯による『未来にむけての再生』を

神奈川大学法学部准教授　金子　匡良

市民政調がこの二〇年の間に取り組んだ政策課題は、「『市民がつくる政策調査会』の設立と取組み概要」に記されているとおり多岐にわたる。もともと市民政調は、単独のNPO法人であると同時に、さまざまな団体・組織を横につないで、市民政策のネットワークを形成するためのハブの役割も果たしてきた。したがって、活動の方法や内容も固定的なものではなく、その時々のテーマやネットワークの形態によって柔軟かつ有機的に変化してきた。そのため、市民政調の個々の活動を単一の尺度や基準によって評価することは難しい。そこで以下では、市民政調の二〇年間の活動を全体として一体のものと捉え、その意義や後世に引き継

かねこ・まさよし
一九六九年生まれ。法政大学大学院博士課程修了（博士（法学））。専門は憲法、人権法、人権政策。高松短期大学准教授を経て、二〇一三年より神奈川大学法学部准教授。主な著書・論文として、『人権政策学のすすめ』（共著）（学陽書房、二〇〇三年）、『人権ってなに？Q&A』（共著）（解放出版社、二〇〇六年）、『企業の社会的責任経営』（共著）（法政大学出版局、二〇〇九年）、「CSR政策の憲法論」法学志林一一一巻一号（二〇一三年）などがある。

ぐべき成果を振り返るとともに、活動の限界や残された課題を検証していきたい。

一　現場からの政策提言

市民政調の第一の特徴は、市民の視点から必要となる政策を現場の英知を集めて策定し、提言したことである。かつて政策は、行政エリートである官僚がその策定を一手に握り、それが議会制民主主義のプロセスの中で正統性を与えられることによって完成した。しかし、一九六〇年代から七〇年代にかけて、それまで政策の客体としてしか認識されてこなかった国民・住民の中から、社会的な問題の解決に自ら取り組もうとする「市民」が誕生すると、「市民自治」の政治風土が拡大していき、市民も政策主体になり得るという新たな認識が広がっていった。それにともなって、政策形成は霞が関や永田町の専売特許ではなくなったのである。

当初、市民政策の中心的な舞台は自治体であった。それは、一九七〇年代の「地方の時代」や革新自治体の誕生が、市民が政策形成へ参画するきっかけになったためである。また、市民が政策形成に参加することによって、政策を考案する基本的な視座が、国家統治の視点から市民生活の視点へと転換していった。それによって、地域や生活の現場から政策を考えるという新たな民主主義の回路が開かれていったのである。市民政調が担ったのは、この回路を国政の場に創り上げるという役割であり、選挙制度改革を経て二大政党制と定期的な政権交代の定着が期待された一九九〇年代の日本において、それは必然的な流れだったともいえる。

創生期の市民政調がこの役割をいかんなく発揮したことは、移動の自由の確保を実現した交通バリアフリー法の制定や、シックハウス対策を盛り込んだ建築基準法の改正などに如実に現れている。これらの取組みでは、生活の現場における不利益や問題点を当事者の視点に立って顕在化させ、それを解決するための仕組みを政策として具体化していった。このような取組みは、それまでの政策概念に根本的な転換を図るものであったといえる。それまでは、一般的かつ抽象的な「公益」の存在を前提に、その「公益」を実現するための仕組みが政策であると考えられていた。そして、「公益」が何であるかを判断できるのは、霞が関の官僚や永田町の「選良」だけであるとされてきたのである。その一方で、個々の当事者の個別的・具体的な利益や不利益は、「公益」とは別に存在する特殊な利益であり、時としてそれはエゴや私利私欲と同一視されてきた。しかし、市民政策の発想はこれを転換し、生活の現場で生じている当事者の不利益や苦しみを取り除くことが政策の目的であり、それこそが公益の実現であると捉えたのである。そして、それは既存の「公益」概念によって覆い隠されてきた霞が関のご都合主義や永田町の利益誘導政治を覆す営みでもあった。このように、市民政調による現場からの政策提言とその実現は、政策形成プロセスの見直しや公益概念の転換に大きな影響を与えたといえる。

二　ネットワークと総合性

市民政調の第二の特徴として、ネットワーク型の活動と総合性のある政策提言を挙げることができる。市民運動は実際にはかなり個別化している面が否めず、良く言えば専門化、悪く言えばタコ壷化している。これは行政省庁の縦割り化にも似ており、そこに行政施策の相互連携の欠如や総合性の希薄さの原因があることは、かねてより指摘されているところであるが、同じことは市民運動にも当てはまる。社会的マイノリティの窮状は相互に近似しているにもかかわらず、それぞれのマイノリティのための運動や団体が別個に存在しているため、なかなか共同戦線を張ることができないまま現在に至っている。

この点、市民政調は、政策の検討・立案にあたって他の団体とのネットワークを形成し、互いの経験や英知を持ち寄って取組みを進めるという手法をとってきた。交通バリアフリー法に関する取組みでは、DPI日本会議などの団体と検討プロジェクトを設置し、難民保護法に関する取組みでは、APFSからの呼びかけで検討プロジェクトを立ち上げ、難民支援協会などと連携して政策を練っていった。また、公文書管理法に関する取組みでは、市民政調の中にプロジェクトチームをつくるのではなく、市民政調もその一員となって他の市民団体と公文書市民ネットを組織した。こうしたネットワーク型の活動は、市民運動の裾野を広げるとともに、組織の枠を超えた議論の中で、新たな知見の獲得を生み出すという効果がある。市民政調は、そもそも特定の課題や問題に対処するために生まれた組織ではないため、政策の検討に際しては必然的に他の団体と連携・協力せざるをえず、そのことが市民政調のネットワーク形成力を高めたといえるだろう。

ネットワーク型の活動の利点は、政策の総合性が向上するということにある。市民団体は、同じ問題意識や目的を持つ団体であっても、それぞれに重きを置いている分野があり、それは多くの場合、その団体の構成メンバーがどのような人びとであるかに左右される。また、活動の方法や内容にも、それぞれ異なる傾向が見られる。ネットワーク型の活動には、これらの違いに横糸を掛けて互いを結びつけあい、あらゆる問題に対する対処策を組み込んだ総合的な政策提言を実現できるという長所がある。そのためには、市民団体を取り結ぶためのハブとなる組織が必要となるが、市民政調は特定の課題に向けた団体ではないがゆえに、そうしたハブ組織としての役割を担い易く、それが市民政調の意義でもあったといえよう。

例えば、難民保護法のプロジェクトでは、難民の総合的な生活支援が提言され、それを受けて策定された民主党の難民保護法案には、これまでの入管行政の改善だけではなく、難民認定者に対する生活相談、日本語習得、保険・医療の確保、居住の安定、職業訓練、就学など、生活全般に関わる支援策が盛り込まれた。これは、同プロジェクトが、難民申請の問題に関わってきた人びとと、難民の生活支援に携わってきた人びととのネットワークの中で検討を進めてきたからであろう。この点、政府が提出した入管難民認定法の改正案は、難民申請の手続等に関する改定のみを内容とし、生活支援策については何ら対処策を定めていなかった。それは、入管難民認定法の所管官庁が法務省であり、生活支援に関わる厚労省、文科省、国土交通省等の所管事項には踏み込めないためである。ネットワークに基づく市民政策の提言は、こうした縦割り行政の弊害を乗り越え、多角的・総合的な対処策を構築できるという点に意義があり、市民政調の活動はそのことの有用性を体現していたといえる。

三　政治との間合い

もとより政策は提言するだけでは実現せず、それが実行されるためには、議会制民主主義のプロセスの中で法律化され、正統性を付与されなければならない。ここに政策と政治の接点が生まれることになる。したがって、真に政策の実現を企図するのであれば、市民政策も政治との関わりを避けることはできない。市民政調の場合、その設立の経緯からいって、当初は民主党のシンクタンク的な組織となることが予定されており、他の市民団体よりも政治へのコミットメントが強かったといえる。このことには長所と短所の両側面があった。長所としては、民主党を通じて自らの政策を政治の議論の場にのせることができ、これによって他の市民団体にはない政治との近さを享受できることである。一方、その近さゆえに、政治の動向に翻弄されるおそれが高まることが短所として挙げられる。

二〇〇九年の政権交代までの市民政調の活動は、上に挙げた長所の部分を活用し、政策の実現に結びつけることができたと評価できる。この時期までは、政治との「間合い」がうまく機能し、また衆参のねじれの中で民主党が政治のキャスティングボードを握ったことにより、市民政調の政策提言も一定の影響力を発揮できたといえる。しかし、奇しくも民主党が政権を獲得し、政策実現の可能性が飛躍的に高まった二〇〇九年以降、上述の短所が表出したことは、有為転変が政治の常であるとはいえ、なんとも皮肉なことであった。後期の市民政調が手がけた選挙制度改革の取組みや請願制度改革の取組みは、いずれも民主主義の活性化のために極めて意義深いものであったが、これらの成果が政治的な議論の俎上に上ることなく沈み込んでしまったのは、誠に残念なことであった。市民政調と政党との関係は、市民運動と政治との距離感や間合いを考えるにあたって、いずれ総括しなければならない課題であろう。

四　「市民」はどこにいる？

前述のとおり、市民政調は、市民が政策の主体になるという市民自治の理念を基本としていたが、このような新たな民主主義のあり方をいち早く理論化し、政策形成における市民参加の重要性を強く主張したのが、戦後民主主義論の旗手の一人であった政治学者の故・松下圭一である。市民政調の設立を担った者の多くは、松下圭一の薫陶を受けた人びとであり、このことは市民政調が松下の市民参加論・市民自治論の実践の場でもあったということを意味している。市民政調の設立や活動に、松下が直接関与したことはないが、松下理論が市民政調の理論的バックボーンであったことは疑いないであろう。

松下は、一九六六年に雑誌『思想』に掲載された「『市民』的人間型の現代的可能性」という論文の中で、市民を「私的・公的な自治活動をなしうる自発的人間型」と定義した上で、そのような市民によって担われる市民運動や市民自治が、新しい政治を形作っていくことに期待を寄せた。それから半世紀が過ぎ、当時と比べて確実に「市民」の層は厚くなり、多様な市民運動が活発に展開されている。しかし、市民の声を政策としてまとめあげ、それを政治の場で実現するルートが確立されているかといえば、まだまだ心許ないものがある。日本では、業界団体や各種の利益団体に比較して、「市民」の政治的影響力は依然として弱く、「市民」の意見を集約し具体化する政治プロセスも確立していない。この状況を転換していくためには、更なる市民層の拡充と連帯が不可欠である。市民政調はここで一旦幕を下ろすものの、市民政調に関係した人びとは、それぞれの現場でこれからも活動を続けていくであろう。そうした営みの蓄積が、市民を強くし、市民政調が目指した市民政策の実現へとつながっていくはずである。

松下は、欧米的な意味における市民の伝統のない日本では、市民を強くすることは「過去の再生」ではなく「未来にむけての再生」であると述べている。この「未来にむけての再生」に、市民政調が残した成果と課題の双方が活かされることを願っている。

絶えざる市民参加を社会化する政治へ

市民政調の二〇年と議員活動を振り返って

市民がつくる政策調査会理事会幹事　石毛鍈子

市民が生活の中から政策を立案し策定しようと設立した「市民がつくる政策調査会」のスタートを振り返る時、私は、そのスタート以前に参加し取り組んでいた研究会を思い起こす。一九八三年から九二年は「国連・障害者の一〇年」であったが、私もその一人に加えていただき後のＤＰＩ日本会議事務局長・三沢了さん（物故）、関西で地域で自立を求める障害者介助に携わり、阪神淡路大震災ではいち早く地域の障害者の救援活動に取り組んだ大賀重太郎さん（物故）、福祉工場の現場から障害者の労働について発言をつづけていた金政玉さんらと、障害当事者主体の法制度の在り方をめざした研究会である。金政玉さんは民主党政権の誕生とともに内閣府障がい者制度改革担当室政策企画調査官（非常勤）として政策立案に携わり、現在は明石市の福祉総務課障害者施策担当課長を務めておられる。

私にとって生活課題、社会状況の中で矛盾に直面している市民が制度・政策を提起し発言することは、当然の社会的営みとしてあった。もう一つ私自身の経験にふれれば、居住する自治体で、市民事業をワーカーズ・コレクティブの組織を作りながら食事サービスやデイサービスなどとして取組み自治体の高齢社会計画づくりに参画した女性市民の中にあったことも、政策形成主体としての市民の存在を私の中に意識づけていたと思う。

市民活動の中での須田春海さんとの出会い、そして家事介護ワーカーズなど市民参加型の高齢者福祉に取り組む神奈川生活クラブ生協・横田克巳さんとの出会いがあったことが、ちょうど結成されようとしていた「市民がつくる政策調査会」への私の参加のきっかけとなった。同時に、民主党の結成のもとで衆議院議員としての活動に携わることにも重なった。当時どれほど自覚的であったかは置いて、図らずも、市民として政治家としてデュアルに政策形成の現場に立つこととなった。

市民、の概念が立法府にはない。国会議員となってしばらくの時期、このことは私にとって強烈な思いであった。国会にあって厚生労働委員会での「介護保険法案」の審議が私の議員としての初仕事であったが、介護保険事業計画の策定に市民参加の規定を求める私の質問に、国会は国民のために審議するところであり市民なのではない、とヤジを飛ばされたのは一度にとどまらない。介護保険法の順当な制定を求める政府は、市町村介護保険事業計画の策定に新しく被保険者の意見の反映を規定することで譲歩はしたが、その用語は市民ではなく被保険者と置き換えられた。

二〇世紀末は環境、介護、福祉、食品等々生活領域のさまざまにおいて、市場と行政では解決できない課題

いしげ・えいこ
特定非営利活動法人アビリティクラブたすけあい理事会監事、初代理事長。元衆議院議員（主に厚生労働委員会所属）。

に多くの非営利の市民活動が携わるところとなり、新しい社会セクターが登場した時代である。市民活動を担保する「市民活動促進法案」の制定が求められ、それに応える新法が制定に至ったのは周知であるが、法の名称は「特定非営利活動促進法」とされたことにも、市民概念を退けようとする当時の立法府の意思を思わざるを得ない。

立法の領域により一様ではないとしても、今日ではさまざまな立法過程への当事者・市民参加は広がりを見せている。「市民がつくる政策調査会」はその市民による政策形成活動の一端を担い実現する役割を果たしたと言ってよいと思う。

政権交代の下、内閣府の障がい者施策検討会に知的障がい当事者が支援を伴い、また精神障がいの当事者が参加する構成になったことも、市民参加の広がり、深まりを実現したこととして記しておきたい。

市民立法の策定は本誌の具体的な立法過程に表わされているように、法制度の制定による解決を求める市民側と、民主党の中に受け皿として設置されるＰＴとの協働により進められた。ヒアリング、現地視察などを踏まえ議員立法を策定、立法府に提出し、法案は政府法案と並ぶ。両案を審議し政府法案の修正を通して市民が求める制度を社会に実現する運びである。議員立法の作成ではなくても、議員を仲立ちとして政府に制度の見直しを求めるプロセスもある。

こうした過程として、民主党が政権を担う段階では政府法案に議員立法を対置する仕組みは取りにくくなったとはいえ、政党に政策を任せ市民がそれを選択し依拠する肩方向の政治ではない、市民の政策活動と政党との協働あるいはパートナーシップの双方向の関係に立つ、新しい型の政策・政治の社会システムの形成に寄与し得た、と改めて私は思う。

なお、民主党政権が検討を始めた障害者差別解消法（禁止法）は、多くの障害者団体が直接に政府組織に参画して制度化した立法であることを付け加えておきたい。

同時に今にして残念に思うのは、一旦成立した立法へのあるいは制度へのフォローアップがなしえなかったことである。法制度にはステークホルダーが多様に関わっている。当事者・市民が求め実現したことに、既成の立場からは当然反対もあり、制度の変容が図られることも生じる。制度が多様な力関係の下に機能することに、私は必ずしも十分に自覚的であったとは言えず、したがって課題をめぐる政党・政治と市民の政策活動の継続的、恒常的な協働の構築を果たすには至り得なかった。このことは、二つの問題を含意することになったと思う。一つは今述べたことであるが、そして具体的な中身にはふれないが、さまざまに生じている制度の後退に有効に対し得ていないことである。

二つに結果的にではあるにせよ、政策・政治活動への恒常的な協働関係を構築することが、新しい市民社会としての市民参加の政治と政党の関係への在り方を内包し、市民社会を強くする政治の有り様の構築であることを、明示的に提起するに至らなかった認識の脆弱さである。政党助成金の一部を活用した政党のシンクタンクの形成が意味するところが、市民との協働を多様に社会に構造化し市民社会を強くするシーズ（種）であることを、つまりは絶えざる市民参加を社会化する政治の展望を、提起しえなかった政治家としての未熟を自分自身に思い無念である。

第3部　資料編

「市民がつくる政策調査会」設立趣意書

新しい世紀に向かおうとする日本の市民社会の問題解決力は、依然として時代の転換に対応できないでいます。その主な要因を市民活動の立場から見れば、

一）公正であるべき国家主権行使のあり方が、日本型利益政治の手段となり、その問題解決力を自己改革できないまま永田町と霞ヶ関が占有し、機能不全を起こしている。

二）戦後一貫した、官治型の「保護」と「規制」政策の継続は、産業資本活動の自由を拡大し、続いて労働の自由も拡大してきた一方で、市民活動の自由が保全されないままであった。

三）こうした伝統的な請負型政治・行政システムは、民主主義や諸社会システムを形骸化しただけでなく、他方で近代市民社会の問題解決力の源泉といえる市民主権や参加型民主主義の内実を成熟させられなかった。

ということができます。

こうした市民の政治化（＝参加と責任の増大）が立ち遅れる傾向に対して、一九六年の衆議院選挙に登場した民主党は、基本理念に「市民中心社会への転換」を掲げ、その具体案の一つとして「市民が作る政策調査会」の形成を呼びかけ、市民活動支援を約束しました。この呼びかけを契機に、私たちは市民社会の諸問題から、多様で重層的な市民活動のテーマや有効な解決のプロセスと手法を見出し、市民活動の発展に寄与する仕組みとして、「市民がつくる政策調査会」をつくろうと考えました。

「市民がつくる政策調査会」の主要な役割は、市民の「生活運動過程」から日々派生する要求や課題を整理して、その有効な解決を図るための「政策形成過程」の充実を支援し、国および地域の「政治・行政過程」に反映させるという市民の自律的活動を支援し、広くネットワークするところにあります。それはＮＰＯを支援するＮＰＯ活動でもあります。

この市民の市民による市民政策形成活動は、自由な市民が、個人資源（いくばくかの資金・知恵・労力・時間）を持ち寄ってリスクを負担し合い、市民主権を行使する営みでもあります。こうして市民による自立的「政治生活」を実現することは、

一）「参加・分権・自治・公開」型システムに裏付けられた「市民セクター」を拡充するアクセルを踏むこと

二）公的税金セクターや産業資本セクターの惰性にブレーキをかけること

三）市民社会の問題解決力の質を変えて「未来への責任」を拓く主体となること

となるでしょう。

私たちは、ここに「市民がつくる政策調査会」の設立準備を進め、結成を図りたく、市民活動に関与する多くの心ある個人および団体のご参加を頂きたくご案内申し上げます。

一九九七・一一・二六

市民がつくる政策調査会設立準備会

五十嵐敬喜・池田敦子・石毛鍈子・五辻　活・江橋　崇・
金田誠一・河野栄治・後藤　仁・柴田敬三
菅野　泰・須田春海・高橋　仁・樋口恵子・又木京子
宮城健一・山口二郎・山井和則・横田克巳

市民政策プロジェクトテーマ一覧

No	テーマ	提案・報告書など	提案年
1	医療改革プロジェクト	市民の医療改革	1997.10
2	成年後見制度検討プロジェクト	障害者・高齢者の権利擁護と自己決定の構築に向けて	1998.11
3	自動車・道路関連税制検討プロジェクト	税財政を中心とする道路政策転換への提言	1992.2
4	自治体議会改革プロジェクト	自治体議会活性化のための処方箋	1999.3
5	水源林保全制度検討プロジェクト	森林と水循環の再生をめざして	1998.12
6	政治改革プロジェクト		
7	介護保険・総合生活支援制度検討プロジェクト		
8	NPO法・市民セクター形成検討プロジェクト	NPO経営―市民機構のマネジメント―	1999.11
9	公共事業評価検討プロジェクト	公共事業評価制度の提案	1999.12
10	すべての人々のための交通環境整備検討プロジェクト	すべての人々のための交通環境整備・提案概要	1999.11
11	欠格条項問題検討プロジェクト	欠格条項にレッドカードを！	2000.3
12	政治参加のバリアフリー検討プロジェクト	「障害者・高齢者等の参政権」現状の課題と提案	2000.4
13	強制不妊手術被害者の実態を明らかにする調査プロジェクト		
14	有害化学物質からくらしを守るための制度等調査プロジェクト	「化学物質による健康被害」現状の課題と提案	2001.5
15	「移民政策」提案プロジェクト	21世紀日本の外国人・移民政策	2002.7
16	「すべての人々のための住環境整備」検討プロジェクト	ハートビル法の改正に向けた提案	2002.3
17	「行政執行過程への市民参加」検討プロジェクト		
18	「市民政府」設計プロジェクト（市民政府研究会）		
19	社会的経済促進プロジェクト	社会的経済の促進に向けて	2003.9
20	「合意形成の手法に係る手続き・制度等及び教育の役割」検討プロジェクト	「市民参加と合意形成手法の構築に向けて」、「市民参加・合意形成手法　事例とその検証」	2003.12
21	「自然海岸の保全に関する法制度」検討プロジェクト	海洋基本計画への要望書	2008.2

No	テーマ	提案・報告書など	提案年
22	「自治体における代表制」検討プロジェクト		
23	「交通バリアフリー法改正」プロジェクト	交通バリアフリー法」改正に向けた提案、ここが疑問「バリアフリー新法案	2005.10
24	「障害者差別禁止法」検討プロジェクト	障害をもつ人への差別を禁止し、権利を確立する法律（素案）	2008.12
25	「化学物質等による健康被害の予防・発症者支援」に係る制度設計調査（電磁波問題プロジェクト）		
26	「環境保全・再生と地域活性化」に関する制度設計調査	「環境保全・再生と地域活性（自立）化」に関する調査・報告書	2008.7
27	「だれもが参加できる〝選挙活動〟」を検討するプロジェクト（選挙制度検討ＰＴ）	公職選挙法の廃止——さあはじめよう市民の選挙運動	2009.5
28	「市民活動の促進と市民社会における市民活動の役割」に関する調査		
29	「コミュニティ・バンク」に係る政策・制度設計調査プロジェクト	コミュニティ・バンクに係る政策・制度設計調査 報告書	2009.6
30	「公共政策・計画への市民参加」に係る制度設計調査プロジェクト		
31	公共政策・事業評価制度に関する調査プロジェクト		
32	地域社会に貢献する新たな非営利金融事業に係る法制度等検討プロジェクト	公益活動等への資金供給の促進に向けた特定非営利金融等事業に関する法律・骨子〈たたき台〉第一次（案）	2011.11
33	国会改革・請願制度検討プロジェクト	請願制度改革——立法府への市民参加制度の第一歩として	2012.2
34	市民活動を支えるシンクタンク組織のあり方に関する研究プロジェクト		
35	河川整備における洪水対策の制度的課題等に関する調査研究プロジェクト	水害と地域の力　自然共生川づくりと積極的水防政策	2014.4
36	政策形成・決定過程における市民・ＮＧＯ等の関与に関する調査研究	政策形成・決定へのＮＧＯ・ＮＰＯの関与	2014.10
37	分権型地域福祉のあり方に関する調査研究プロジェクト		

市民政策円卓会議テーマ一覧

回	テーマ	開催日	問題提起者・団体	コーディネート	対象行政
1	最重度知的障害者の施設入所をめぐって	1997.05.26	阿部泰隆氏（神戸大教授）	石毛えい子衆院議員	厚生省
2	河川改修に伴う計画流出量の設定について	1997.06.18	小泉武栄氏（東京学芸大教授）他	竹村泰子参院議員	建設省
3	障害者・高齢者の移送サービスについて	1997.08.27	東京ハンディキャブ連絡会他	石毛えい子衆院議員	厚生省・運輸省
4	杉並区ごみ中継所問題と化学物質過敏症について	1998.01.27	杉並病をなくす会	小林　守衆院議員	厚生省・環境庁
5	女性市民バンク設立について	1998.02.20	女性・市民バンク設立準備世話人会他	海江田万里衆院議員	大蔵省
6	都市計画法の改正をめぐって	1998.04.08	東京ランポ他	山本譲司衆院議員	建設省
7	所沢市周辺のダイオキシン問題について	1998.05.20	中新井の環境を考える会他	小林　守衆院議員	厚生省・環境庁
8	杉並不燃ごみ中継所と杉並病問題について②	1998.06.15	杉並病をなくす会他	金田誠一衆院議員	厚生省・環境庁・東京都・杉並区
9	障害者・高齢者を対象とした移送サービスについて②	1998.08.26	東京ハンディキャブ連絡会他	石毛えい子衆院議員	厚生省・運輸省
10	所沢市周辺のダイオキシン問題について②	1998.11.09	中新井の環境を考える会他	佐藤謙一郎衆院議員	厚生省・環境庁
11	障害者に係る欠格条項の見直しについて	1998.12.18	障害者欠格条項をなくす会他	石毛えい子衆院議員	総理府
12	和歌山県雑賀崎沖埋立問題について	1999.07.08	雑賀崎の自然を守る会他	細川律夫衆院議員	運輸省・環境庁・和歌山県
13	交通接続円滑化に向けた鉄道駅総点検について	1999.10.01	すべての人々のための交通環境整備検討プロジェクト他	堀　利和参院議員・石毛えい子衆院議員	建設省・運輸省
14	杉並中継所周辺の健康調査結果の報告と今後の取組み	1999.10.05	杉並病をなくす会他	金田誠一衆院議員・田中　甲衆院議員	厚生省・環境庁・杉並区
15	パブリック・コメント制度の問題点について	1999.10.28	人権フォーラム21他	江田五月参院議員	法務省・総務庁・総理府
16	定期借家制度の導入をめぐって	1999.11.24	定期借家制度の導入に反対する実行委員会他	小川敏夫参院議員	建設省・法務省・厚生省
17	来住外国人の在留問題について	1999.12.06	APFS他	川橋幸子参院議員	法務省（不参加）
18	政治参加のバリアフリー問題について	2000.02.10	政治参加のバリアフリー検討プロジェクト他	石毛えい子衆院議員・福山哲郎参院議員	自治省
19	都市計画法・建築基準法の改正をめぐって	2000.04.20	東京ランポ他	前原誠司衆議院議員	建設省

回	テーマ	開催日	問題提起者・団体	コーディネート	対象行政
20	交通バリアフリー法制定に伴う移動円滑化基準及び基本方針の策定について	2000.07.14	すべての人々のための交通環境整備検討プロジェクト他	細川律夫衆院議員	運輸省・建設省
21	シックハウス等による健康被害対策について	2000.08.08	化学物質過敏症支援センター　ほか	櫻井充参院議員	厚生省・建設省
22	公立学校の現状と今後のあり方について	2000.10.05	湘南に新しい公立学校を創り出す会	金田誠一衆院議員	文部省
23	NPO税制のあり方について	2000.10.11	神奈川ネットワーク運動「参加型福祉政策・制度研究会NPO法改正プロジェクト	江田五月参院議員	厚生省・大蔵省・自治省・経済企画庁
24	ホームレス対策のあり方について	2000.11.21	野宿者人権資料センター　ほか	山井和則衆院議員	厚生省・労働省
25	特定建築物等のバリアフリー化について	2001.02.08	市民政調「すべての人々のための交通環境整備」検討プロジェクト、他	前原誠司衆院議員	国土交通省
26	「高齢者・障害者を対象とした移動サービス」について	2001.05.28	東京ハンディキャブ連絡会、他	石毛鍈子衆院議員	国土交通省・　厚生労働省
27	利根川上流「八ッ場ダム建設計画」について	2001.05.29	八ッ場ダム問題を考える会、他	佐藤謙一郎衆院議員	国土交通省
28	環境にやさしい都市交通の整備に関する制度的課題について	2001.08.09	交通問題に取り組む市民活動団体	金田誠一衆院議員	国土交通省・　環境省
29	道路交通法施行令等の改正に伴う欠格条項の見直しについて	2002.01.08	障害者欠格条項をなくす会、関連団体など	岡崎トミ子参院議員	警察庁
30	建築物のバリアフリー化について	2002.02.06	すべての人々のための住環境整備検討プロジェクト	津川祥吾衆院議員	国土交通省
31	「シックハウス対策」について	2002.02.20	市民政調・シックハウス対策プロジェクト	前田雄吉衆院議員	国土交通省
32	障害者福祉サービスに係る「支援費制度」について	2002.02.28	DPI日本会議、神奈川ネットワーク運動、ほか	石毛鍈子衆院議員	厚生労働省
33	障害者欠格条項の見直しについて	2002.06.20	障害者欠格条項をなくす会、ほか	岡崎トミ子参院議員	内閣府
34	「移動困難者を対象にした移送サービス」について	2002.07.22	東京ハンディキャブ、ほか	石毛鍈子衆院議員	国土交通省、厚生労働省
	特別編「日本型チャータースクール法の制定」について	2002.07.23	日本型チャータースクール推進センター	金田誠一衆院議員	文部科学省
35	「シックスクール対策に関する取組み」について	2002.07.24	化学物質過敏症患者の会、化学物質過敏症支援センター、環境病患者会、子供の健康と環境を守る会、シグナル・キャッチ、ほか	岡崎トミ子参院議員	文部科学省

市民政策円卓会議テーマ一覧

回	テーマ	開催日	問題提起者・団体	コーディネート	対象行政
36	「参政権保障問題」について	2003.02.27	DPI日本会議、ほか	谷博之参議院議員	総務省
37	「ETCシステムにおける障害者の利用問題」について	2003.06.19	NPO法人WeCAN!、NPO法人DPI日本会議	玉置一弥衆議院議員	国土交通省、日本道路公団
38	「シックハウス・シックスクール問題」について	2003.06.27	シックハウス連絡会、CS支援センター、シグナルキャッチ、化学物質過敏症患者会、他	岡崎トミ子参議院議員	国土交通省、厚生労働省、文部科学省
39	「障害者に係る賃貸住宅問題」について	2003.09.09	DPI日本会議、ピープルファースト、他	石毛鍈子衆院議員	国土交通省
40	「子育て・保育のあり方」について	2003.10.01	子ども人権・子ども福祉ネットワーク、神奈川ネットワーク運動、他	石毛鍈子衆院議員	厚生労働省
41	「男女共同参画・共生社会の促進に向けた〝働き方〟」について	2004.02.06	神奈川ネットワーク運動、他	山花郁夫衆議院議員	厚生労働省
42	「ホームレスの自立支援政策」について	2004.03.24	ハーバー宮前、KSSサポート	齋藤勁参議院議員	厚生労働省
43	「運転免許試験の視聴覚基準」について	2004.08.11	障害者欠格条項をなくす会、他	石毛鍈子衆議院議員	警察庁
44	「国勢調査のあり方」について	2006.02.17	情報公開クリアリングハウス、国勢調査の見直しを求める会、神奈川ネットワーク運動、他	西村智奈美衆議院議員	総務省
45	「子育てと就労のあり方（ワークライフバランス）」について	2006.10.05	神奈川ネットワーク運動、他	小宮山洋子衆議院議員	厚生労働省、内閣府
46	「政治活動への個人寄付の税制優遇制度」について	2007.11.30	神奈川ネットワーク運動、他	大河原雅子参議院議員	総務省（財務省、国税庁は資料のみ）
47	「電磁波による身体・環境等への影響」について	2008.08.27	電磁波問題検討プロジェクト、他	大河原雅子参議院議員	総務省、経済産業省、厚生労働省、環境省
48	「東京外かく環状道路（外環）計画」について	2008.11.19	外環ネット、他	大河原雅子参議院議員	国土交通省
49	「介護保険制度」について	2009.03.16	アビリティクラブたすけあい、他	大河原雅子参議院議員	厚生労働省
50	「子育て支援」について	2009.04.19	かながわ市民自治研究会、子ども未来じゅく、他	大河原雅子参議院議員	厚生労働省

市民政策提案フォーラム一覧

開催日	開催地	テーマ
1997.10.24～25	東京	都市問題から市民政策を
1998.11.14	東京	年金制度―第3号被保険者からの問題提起―
1998.12.5	名古屋	どうつくる愛知の市民政府
1998.12.12	札幌	NPOが北海道を元気にする
1998.12.22	横浜	ワーカーズ・コレクティブから提案する新しい働き方
1999.5.15/6.19/7.17	仙台	介護保険・都市交通・ダイオシキンとごみ行政
2000.3.11	和歌山	NO！寝たきりデー2000年
2004.6.4	東京	「市民から見たマニフェスト」フォーラム
2005.3.17	東京	日本発！「外国籍市民」の現在　―国際大交流時代における「外国籍市民」との共生と
2006.3.31	東京	働き方が社会を変える　―『市民労働』で公正な労働・社会を創出するために―
2007.3.20	東京	検証連立政権転形期の政策決定システム―官主導から市民・議会・政党主導へ
2008.3.24	東京	「NPO法」成立10年　―市民社会はどう変わりつつあるのか・・・
2009.3.23	東京	市民がつくるグリーン・タスク
2009.11.19/12.7	東京	『新しい公共』の担い手と制度的課題　―市民社会を強くする新政権への提案―
2010.3.24	東京	持続可能な地域社会と資金循環のあり方　―コミュニティ・バンクの再生とNPO金融の役割
2012.3.14	東京	東日本大震災から1年　―日本社会の将来像（ビジョン）を創造する
2013.3.14	東京	政策形成とシンクタンク―市民セクターの強化に向けて
2014.3.20	東京	トークセッション　＝市民社会を強くする＝
2014.6.28	東京	トークセッション＝人権、ジェンダー、こども、市民参加、自治、憲法…
2015.11.28	東京	トークセッション＝社会保障・生活保障のしくみ　―政治、納税者、選別主義・普遍主義、現金給付・現物給付、地域の支え合い…
2016.3.2	東京	NPO法立記録過程国立公文書館寄贈記念シンポジウム（開催協力）

その他の活動一覧

「生活困窮者自立支援制度」施行状況調査
「共生社会創造本部」へのサポート事業
NPOレポートの配信
「社会保障制度改革情報」の発信
「市民政策議員懇談会」記録集作成
「市民自治講座」ブックレット
ワーカーズ・コレクティブ　ガバナンス調査への協力
『市民自治講座』の開催
「社会保障制度改革情報」の配信
原発ゼロ意見書・陳情書アクション
「脱原発フォーラム」の開催
市民政調の活動の検証
生協法・協同組合基本法等と労働法制に関する調査研究
「政策形成セミナー」開催協力
「公共事業改革市民会議」への協力
「自治・共和」研究会への協力
市民金融・共済事業の在り方に関する調査研究
「新しい公共」の担い手としての協働組合組織による地域貢献活動調査
「新しい社会づくり」―市民が描く社会像・日本社会をつくり直す提案
「非営利・市民事業」の強化に向けた取組みの実態と政策化に関する調査
「(高齢者) 住宅政策」調査プロジェクト
「環境NGO政策ネットワーク」への協力
「休眠預金」法制化に向けた取組みについて
「休眠預金」を活用しよう！キャンペーンへの協力
休眠預金活用による市民公益支援制度の創設への活動協力
『市民自治体』フォーラムの開催

「交通基本法とバリアフリー検討会」への協力
第4期「介護保険事業計画」の策定及び「介護報酬」に係る政策課題に関する調査
「国際協同組合年」推進会議（仮）への協力
電磁波による身体影響の防止（及び健康被害者への救済等）に関する制度設計に関する調査
議会への市民参加に関する制度調査
「非正規滞在外国人の処遇改善に向けた制度」検討会への協力
「市民のための公文書管理法の制定を求めるネットワーク」への協力
「海洋環境政策ネットワーク」への協力
環境アセス法改正に向けた勉強会への協力
「化学物質政策基本法を求めるネットワーク（ケミ・ネット）」への協力
「市民と議員の条例づくり交流会議」への協力
市民政策議員懇談会の開催協力
「家電リサイクル法改正　NGO連絡会」への協力
「難民の認定及び生活支援制度」検討会議への協力
災害におけるボランティア組織（NPO等含む）と〝市民資源〟に関する実態〈検証〉調査
化学物質過敏症支援センターへの活動協力
社会をつくり直す人びと…10万人の提案運動
日韓市民社会フォーラムへの協力
障がい児童における就学の支援の実態とNPOとの協働に関する調査
市民政策・課題別意見交換会への協力
「八ッ場ダムとまちづくり」市民検討会への協力
「まちづくり法」検討プロジェクトへの協力
保育制度・子どもの環境に関わる政策制度・新たな生き方・働き方の政策制度の研究

災害におけるボランティア組織（NPO等含む）と〝市民資源〟に関する協力
「移動（アクセス）権の保障」検討プロジェクトへの協力
「（分権化に向けた）市民社会強化」プロジェクトへの協力
第4期「介護保険事業計画」の策定及び「介護報酬」に係る政策課題に関する調査
公共政策・計画への市民参加に係る制度設計調査
「コミュニティ・バンク」に係る政策・制度設計調査
「環境保全・再生と地域活性（自立）化」に係る制度設計調査
「障害者の差別を禁止する法制度」に関する制度設計調査への協力
「化学物質等による健康被害の予防・発症者支援に係る制度設計」調査
シンポジウム「子どもが生きる地域社会を考える」開催協力
「まちづくり法」検討プロジェクトへの協力
地域力・市民力を高める議員研修・条例案作成協力
「戦略的環境アセスの法制化」に向けた活動協力
「（移動）アクセス権の保障」検討プロジェクトへの協力
「市民社会戦略」プロジェクトへの協力
「（介護サービスにおける）「市民労働」のあり方に関する研究会」への協力
少子高齢化社会に向けて、ワークライフバランスのための保育制度等の政策制度の研究
有害化学物質対策及び健康被害防止対策等、子どもの環境に関わる政策制度の研究
ワークライフバランスのための生き方・働き方の政策制度の研究

関係行政機関および国会議員との懇談ならびに意見交換会への協力
首都圏のダム問題を検証する・意見交換会の開催
「自治体における交通（総合）計画の策定状況」調査
「医療制度改革」に関する活動協力（「患者の権利法」制定に向けた市民懇談会等）
自治体における多文化共生施策調査
「市民から見たマニフェスト」課題別意見交換会の開催
シンポジウム「ダムを撤去する――自然のルネッサンスを求めて」開催協力
市民政策〈地方〉議員懇談会の開催協力
「移送・移動サービス条例案」作成協力
NPO緊急雇用調査
「シックスクール対策」シンポジウム開催協力
「行政と市民事業のあり方調査及び「双務契約」モデル策定PJ」への参加
「多文化共生社会・市民会議」の開催
「外国人教育支援全国交流会」の開催協力
「多文化共生のための政策形成フォーラム・関西」の開催協力
「民主党環境政策」作成補助
バリアチェックシートの作成
「非暴力の集い」開催協力
「有機農業促進法案」作成協力
「化学物質フリースペース」設置支援
企業のフィランソロピー調査
東京レファレンダム（都議会議員選挙模擬投票）
杉並中継所周辺の健康被害調査の実施

『市民政策』特集テーマ一覧

号	発行年月	特集テーマ
11号	2000.6	交通バリアフリー法
12号	2000.8	都市計画法・建築基準法
13号	2000.10	循環型社会形成推進基本法
14号	2000.12	消費者契約法
15号	2001.2	男女共同参画社会基本法
16号	2001.4	交通バリアフリー法とこれからのまちづくり
17号	2001.6	人権教育・啓発推進法
18号	2001.8	労働関係法をめぐって
19号	2001.10	フロン回収破壊法
20号	2001.12	土地収用法改正
21号	2002.2	司法制度改革推進法
22号	2002.4	DV防止法
23号	2002.6	都市再生特別措置法
24号	2002.8	地方自治法改正
25号	2002.10	土壌汚染対策法
26号	2002.12	ホームレス自立支援法
27号	2003.2	自動車リサイクル法
28号	2003.4	官製談合防止法
29号	2003.6	構造改革特別区域法
30号	2003.8	食品安全基本法
31号	2003.10	次世代育成支援対策推進法
32号	2003.12	ヤミ金融対策法
33号	2004.2	自然再生推進法
34号	2004.4	新エネルギー利用特措法
35号	2004.6	児童虐待防止法改正
36号	2004.8	入管・難民法改正
37号	2004.10	景観法
38号	2004.12	障害者基本法改正
39号	2005.2	公益通報者保護法
40号	2005.4	発達障害者支援法
41号	2005.6	外来生物法
42号	2005.8	犯罪被害者等基本法
43号	2005.10	行政手続法改正
44号	2005.12	障害者自立支援法
45号	2006.2	地域再生法
46号	2006.4	高齢者虐待防止法
47号	2006.6	個人情報保護法
48号	2006.8	容器包装リサイクル法改正
49号	2006.10	まちづくり三法改正
50号	2006.12	建築基準法改正
51号	2007.2	改正貸金業法
52号	2007.6	バリアフリー新法
53号	2007.8	改正官製談合防止法
54号	2007.10	公共サービス改革法
55号	2007.12	自治体財政健全化法
56号	2008.2	改正学校教育法―特別支援教育をめぐって
57号	2008.4	改正被災者再建支援法
58号	2008.7	エコツーリズム推進法
59号	2008.8	地域公共交通活性化法
60号	2008.11	自殺対策基本法
61号	2009.2	介護保険はいま
62号	2009.6	歴史まちづくり法
63号	2009.9	生物多様性基本法
64号	2009.10	公文書管理法
65号	2009.12	改正入管難民法等
66号	2010.2	公共サービス基本法
67号	2010.12	政権交代と政策決定への市民参加
68号	2011.2	子ども手当法
69号	2011.12	地域主権改革三法

＊1号～10号は判型も違い、法律の特集方式ではなかったため割愛しています。

歴代役員一覧

運営委員・理事（代表理事、理事会幹事等含む）

氏名	所属・肩書等	在任年
天野 正子	お茶の水大学	1997～1998
五十嵐 敬喜	法政大学	1997～1998
池田 敦子	市民シンクタンク ひと・まち社	1997～2004
石毛 えい子	『社会保障制度改革』市民委員会／元衆議院議員	1997～2016
五辻 活	のらんぼ村	1997～2016
江橋 崇	法政大学	1997～1998
奥津 茂樹	参加型システム研究所	1997～2002
金田 誠一	衆議院議員	1997～2000
河野 栄次	生活クラブ・東京	1997～1998
小林 俊子	田園調布学園大学	1997～2016
後藤 仁	参加型システム研究所	1997～2008
柴田 敬三	ほんの木	1997～1998
須田 春海	市民運動全国センター／市民立法機構	1997～2016
高橋 仁	スウェーデン社会研究所	1997～2016
樋口 恵子	全国自立生活センター協議会	1997～2002
政野 淳子	木頭村の未来を考える会	1997～1998
又木 京子	神奈川ネットワーク運動	1997～2001、2007～2008
宮城 健一	日本リサーチ総合研究所	1997～2000
山口 二郎	北海道大学	1997～1998
山井 和則	衆議院議員	1997～2004
吉村 誠司	神戸元気村	1997～1998
横田 克己	生活クラブ生協・神奈川	1997～2016
竹村 泰子	参議院議員	1999～2002
坪郷 實	早稲田大学社会科学総合学術院／NPOまちぽっと	1999～2016
唐笠 一雄	元・パルシステム生活協同組合連合会	1999～2000、2013～2014
福山 哲郎	参議院議員	1999～2016
緒形 昭義	アリスセンター	2001～2002
小笠原 照也	エコ・ギア代表	2001～2016

氏名	所属・肩書等	在任年
金 政玉	DPI（障害者インターナショナル）日本会議	2001～2016
栗木 黛子	市民福祉サポートセンター	2001～2008
小塚 尚男	参加型システム研究所	2001～2014
小林 郁子	北海道議会議員／札幌YWCA	2001～2016
辻 利夫	NPOまちぽっと理事	2001～2016
原口 一博	衆議院議員	2001～2016
樋口 蓉子	杉並区議	2001～2004
藤原 愼一郎	和歌山県平和・人権センター	2001～2008
本間 恵	NPOえん	2001～2010
前川 実	人権フォーラム21	2001～2002
村田 邦子	神奈川ネットワーク運動	2002～2004
木村 真紀子	参加型システム研究所／神奈川ワーカーズコレクティブ連合会	2003～2004
柴田 武男	聖学院大学／「市民政策」編集委員会	2003～2004
田村 太郎	多文化共生センター・大阪	2003～2010
橋本 治樹	条例Web管理委員会	2003～2016
廣瀬 克哉	法政大学法学部／市民と議員の条例づくり交流会議	2003～2016
草刈 秀紀	野生生物と社会学会	2005～2016
小林 芽里	浜松NPOネットワークセンター	2005～2006
菅原 敏夫	地方自治総合研究所／日本希望製作所	2005～2016
中村 久子	ワーカーズ・コレクティブ協会	2005～2006、2013～2016
桧山 智子	神奈川ネットワーク運動／小田原市議	2005～2008
平野 みどり	自立生活センター ヒューマンネットワーク熊本	2005～2010
藤居 あき子	東京・生活者ネットワーク／江戸川区議	2005～2008
若井 康彦	衆議院議員	2005～2014
金子 洋二	新潟NPO協会	2007～2016
黒川 眞佐子	ワーカーズ・コレクティブ協会理事長	2007～2008
郡 和子	衆議院議員	2007～2016
佐藤 隆	北海道NPOサポートセンター	2007～2014
西村 智奈美	衆議院議員	2007～2016

氏名	所属・肩書等	在任年
姫井 由美子	岡山県議会議員	2007～2010
黒澤 学	せんだい・みやぎNPOセンター	2009～2010
大河原 雅子	市民セクター政策機構副理事長／市民シンクタンクひと・まち社代表	2009
阿南 育子	東京・生活者ネットワーク	2013～2014
澤口 隆志	市民セクター政策機構	2013～2014
直田 春夫	NPO政策研究所	2013～2016
村上 彰一	生活クラブ生活協同組合・東京	2013～2016
森川 千鶴	神奈川ネットワーク運動	2013～2014
山口 祐子	浜松NPOネットワークセンター／静岡県国際交流協会	2013～2014
岩本 香苗	神奈川ネットワーク運動	2015～2016
井上 雅喜	参加型システム研究所	2015～2016
大西 由紀子	東京・生活者ネットワーク	2015～2016
金子 匡良	神奈川大学法学部／香川人権研究所	2015～2016
崔 栄繁	DPI日本会議	2015～2016
白井 和宏	市民セクター政策機構	2015～2016
半澤 彰浩	生活クラブ生活協同組合・神奈川	2015～2016
平田 仁子	気候ネットワーク	2015～2016
三木 由希子	情報公開クリアリングハウス	2015～2016

監事

氏名	所属・肩書等	在任年
菅野 泰	弁護士	1997～2000
高木 浩司	名古屋成年後見センター／愛知県会議員	1997～2016
小林 道弘	前大阪市議会議員	2001～2016

＊所属、肩書等は、在任当時です。

市民政調 20 年の軌跡
——市民活動と政治をつなぐ政策形成活動の試み

市民がつくる政策調査会　編

2017 年 3 月 23 日発行

定価　1,500 円＋税
発行人　廣瀬稔也
発行所　株式会社　生活社
東京都千代田区一番町 9-7
一番町村上ビル 6F　〒 102-0082
TEL 03-3234-3844　FAX 03-3263-9463
http://www.seikatsusha.com/

デザイン・装丁　橋本治樹

ISBN978-4-902651-40-9